TORO

LUNWERG
EDITORES, S.A.

© 1998 Lunwerg Editores
© del texto: Joaquín Vidal
© de las fotografías: Ramón Masats

Creación, diseño y realización de Lunwerg Editores.

ISBN: 84-7782-492-4
Depósito legal: B-3449-1998

LUNWERG EDITORES
Beethoven, 12 - 08021 BARCELONA - Tel. (93) 201 59 33 - Fax (93) 201 15 87
Sagasta, 27 - 28004 MADRID - Tel. (91) 593 00 58 - Fax (91) 593 00 70

Impreso en España

TORO

Fotografías

Ramón Masats

Texto

Joaquín Vidal

Una de las más antiguas representaciones del *Bos taurus*:
los toros de Guisando.

Si la pintura y la poesía rinden merecido culto a la fiesta de los toros, no se queda a la zaga el propio idioma, cuando sus gentes lo llenan y enriquecen con metafóricas expresiones extraidas, a veces, del propio argot taurino. Entonces se produce la simbiosis entre la palabra y el arte, y se da un paralelismo entre la belleza y el riesgo, y ciertas formas de expresión en la vida cotidiana. Es cuando el arte del toreo presta a la metáfora imágenes plásticas.

En el presente libro Joaquín Vidal nos muestra cómo el idioma se nutre con conceptos que roba, embelesado, al propio lenguaje taurino. No es raro que se hable de faenas de «trapío» ante importantes y osadas aventuras. De «acosos y derribos». De tener buena «casta» o de prontitud y alerta, para estar en alguna ocasión al «quite». Conocedores como somos de que es muy diferente «ver los toros desde la barrera». Que ante ciertas adversidades recordamos que «más cornás da el hambre»; y que hay que saber «parar», «mandar» y «templar», como en ciertas suertes taurinas para utilizar «quiebros» y combatir los miedos.

Ramón Masats, el fotógrafo al que desborda su condición de artista y habla con el lenguaje que mejor conoce, nos lleva desde el *Bos Taurus Primigenium* de la ancestral Iberia, hasta la estética visión de unas fotos de magistrales verónicas, a las que aquí el idioma cede para su denominación palabra de rango tan sagrado.

Presentamos aquí nuestro homenaje a la fiesta de los toros con su mejor hacer forjado de palabras y de fotos. Afrontando con valentía un reto donde la palabra se hace imagen, y la propia imagen, otras veces, habla por sí sola, gracias a la magia de la fiesta, su colorido y belleza, la bravura de su protagonista, el toro, y la estética de sus inspirados maestros.

LUNWERG EDITORES

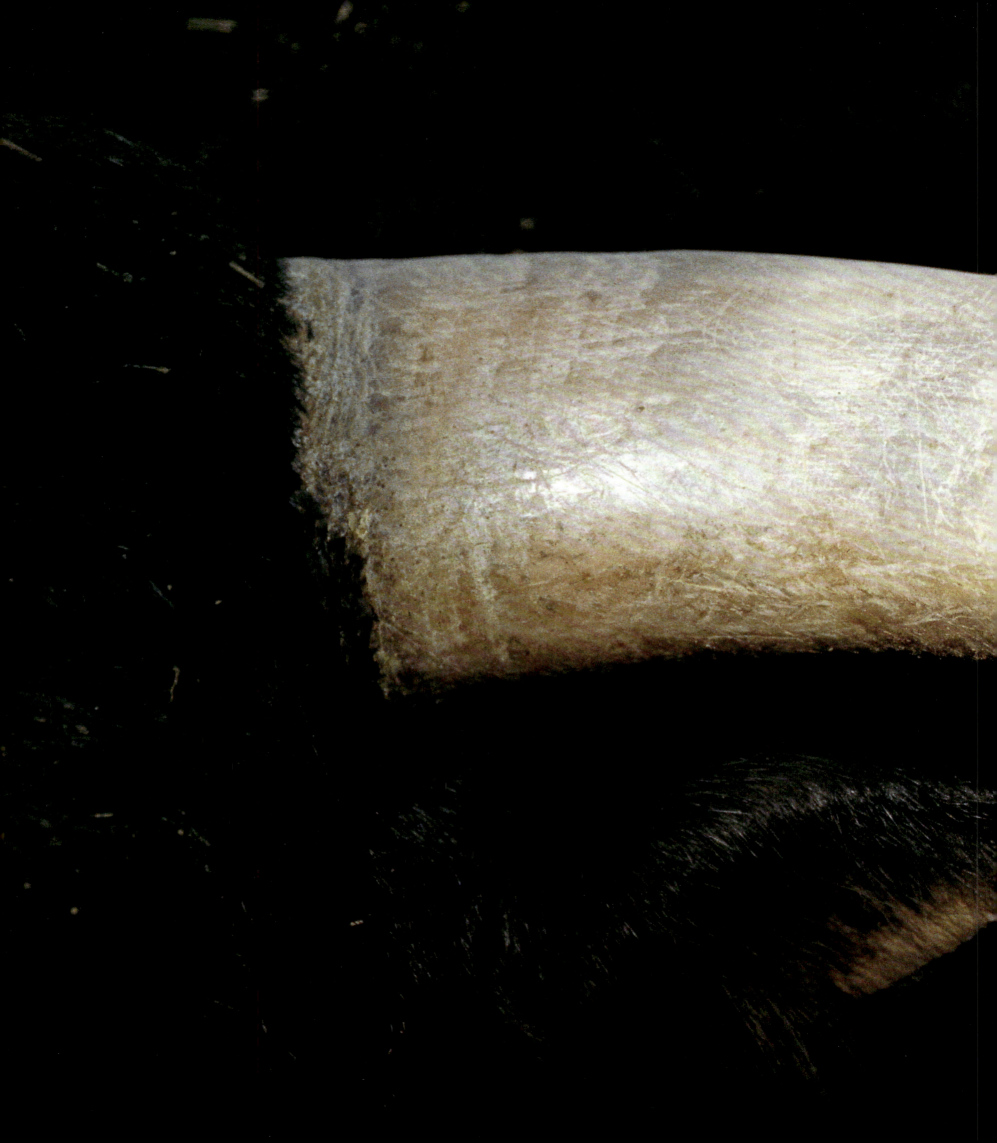

12 a 15. El toro bravo tiene una vida placentera en su hábitat y sólo
le pone alerta la presencia de seres extraños.

16, 17. Los recentales, juguetones como todos los seres vivos de tierna edad,
ya manifiestan su bravura nada más nacer.

18 a 24. Los factores climáticos influyen en el desarrollo
y el temperamento de las reses y de ellos dependen también las épocas
apropiadas para efectuar los herrajes y demás faenas camperas.

25. Eduardo Miura, propietario de la legendaria ganadería
del mismo nombre, ya fallecido.

26, 27. La tienta, auténtico laboratorio donde el ganadero analiza
y determina la casta de sus reses.

28 a 30. El toro: símbolo, motivo y fin del arte de torear, que se perfecciona en la placita de tienta en cada ganadería.

32 a 34. Acoso y derribo: otra técnica para seleccionar la bravura en la que son imprescindibles caballistas consumados y buenos garrochistas.

36 a 38. El arte de Marialva brilla también en la histórica
plaza de Chinchón, con el veterano rejoneador Rafael Peralta
y el lusitano João Moura, maestro del toreo a caballo.

40, 41. Florece la primavera y alfombra e incluso inunda
los predios de la ganadería de bravo.

42 a 46. Quién sabe a qué recónditos instintos obedecen las rencillas de los toros, que a veces
se salen de la manada pese a la vigilancia de los vaqueros y pelean a muerte.

48, 49.
El toro enchiquerado y su antítesis: el toro que se cree libre en la correría del encierro y sorprende, a retaguardia, a los corredores.

50, 51. Los Sanfermines: el más famoso encierro del mundo.

52, 53. El drama y hasta la tragedia están siempre presentes en los encierros.

54, 55. Los toros permanecen en el corral antes de su lidia.

56 a 59.
El sorteo y el
apartado de las reses,
antes de la corrida.

60 a 63.
El portón de los sustos,
sangre y arena.

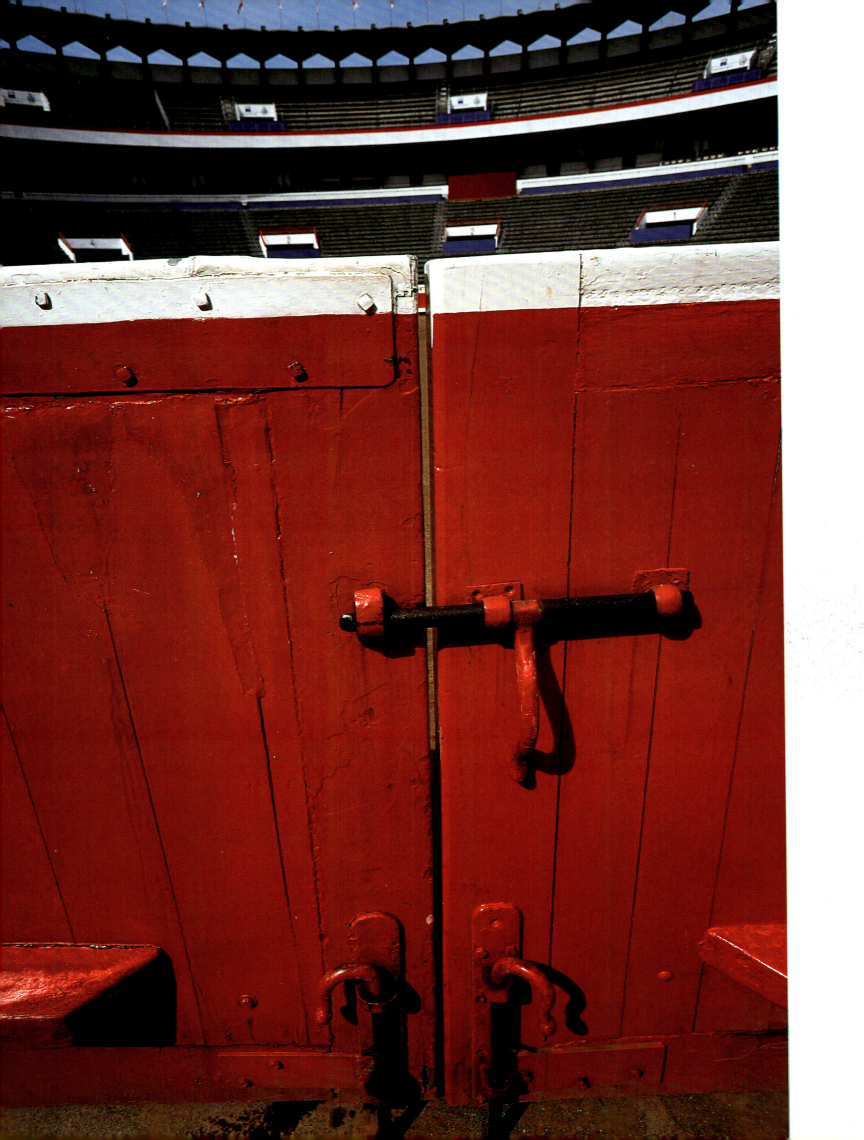

64 a 66. En plaza cubierta o en plaza abierta, una de las faenas
imprescindibles es igualar y pintar el albero.

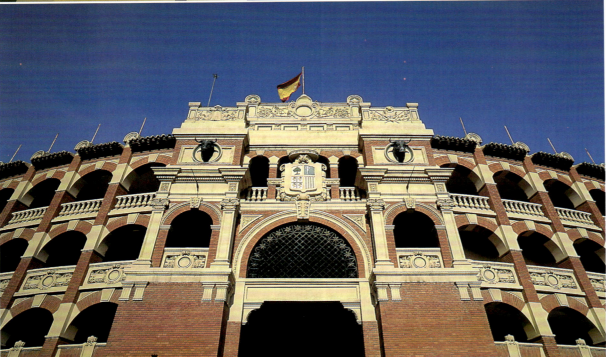

68, 69.
La Maestranza y su Puerta
del Príncipe, el coso de Albacete,
la plaza de Zaragoza, la madrileña
Monumental de Las Ventas.

70, 71. Atarse los machos; calarse la taleguilla.

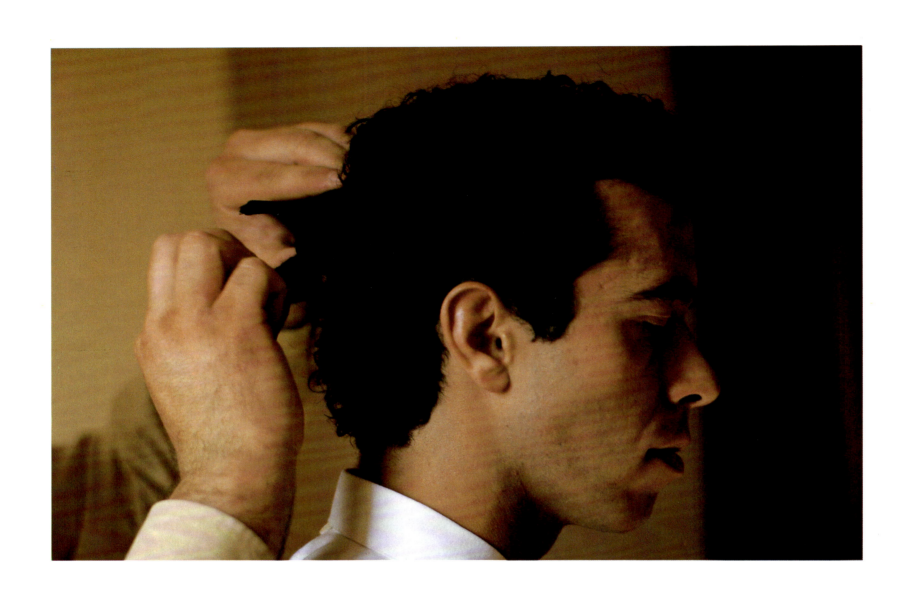

72, 73. El matador de toros Víctor Puerto. Rito y zozobra en el acto
de vestirse de luces y prender la castañeta.

74 a 77. Fiesta en Segovia, Feria de San Isidro, vetustas piedras en la plaza de Béjar.

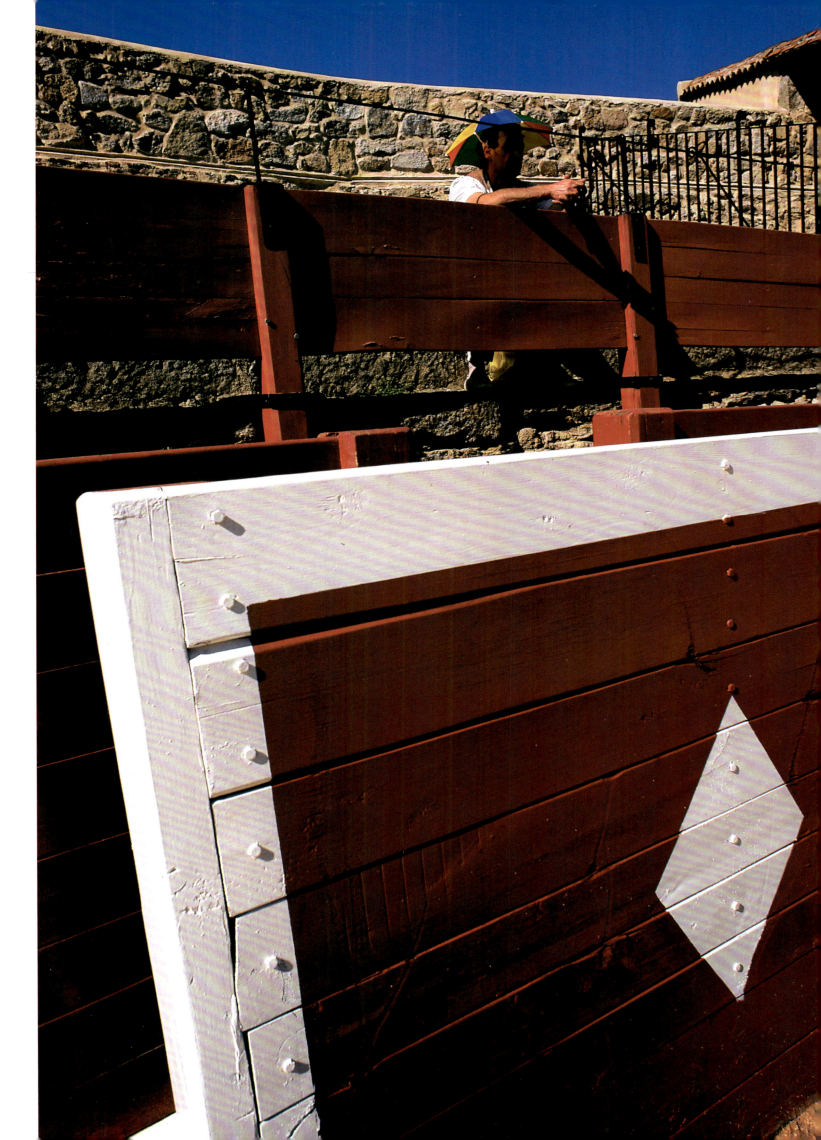

78 a 80. La afición madruga en Murcia y Valencia. Y llena la plaza en Alicante
mientras la banda desfila al son del pasodoble.

81. Curro Romero…, y Sevilla.

82 a 85. El peto protector del caballo, la mona protectora de la pierna del picador,
seda y alamares, el capote liado para el paseíllo.
Y verde y azabache: Rafael de Paula, paradigma de la estampa torera.

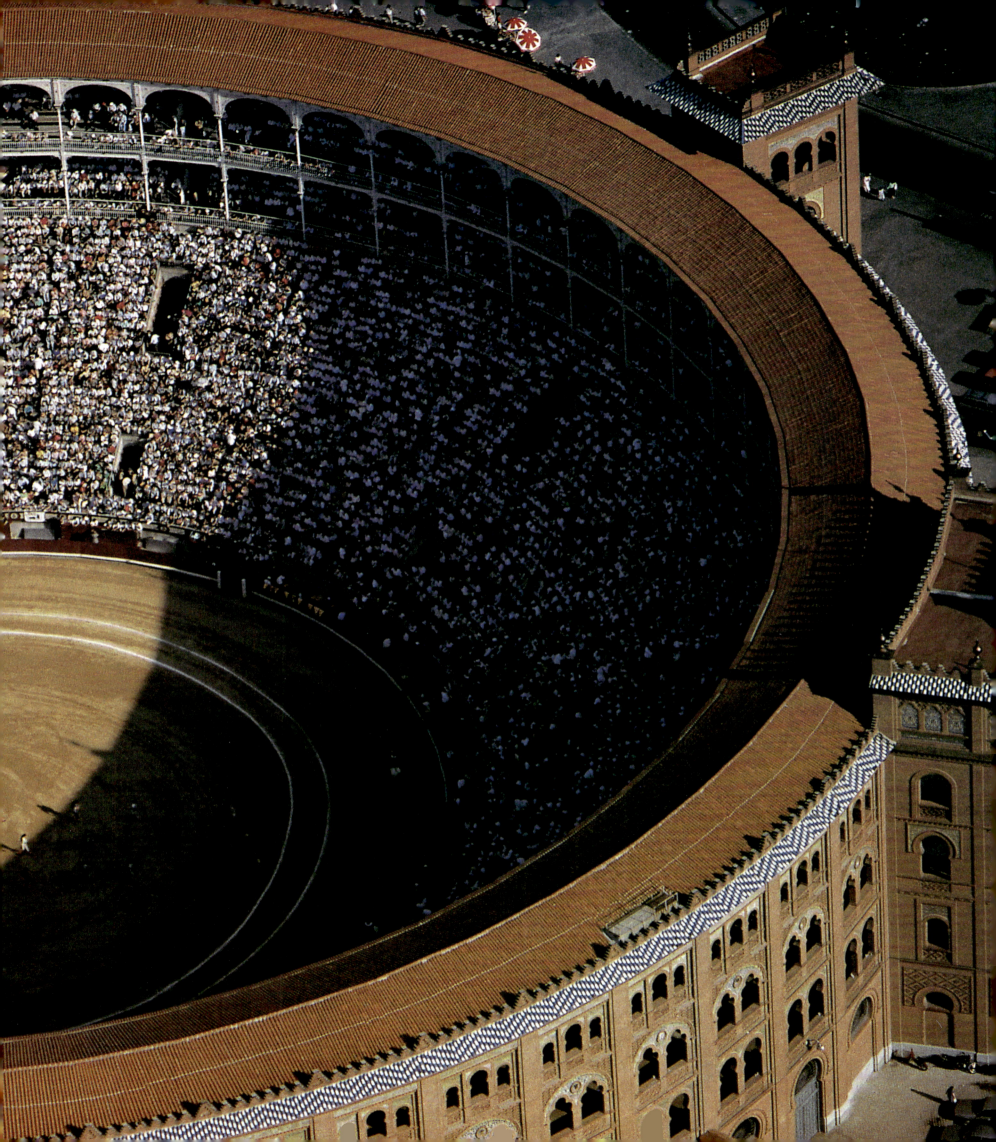

86 a 94. Los capotes listos durante el paseillo. Las cuadrillas avanzan
en el ruedo de Las Ventas, cruzan el de Ciempozuelos, mientras la afición prende
el habano o tiene listo el ramito de romero para lanzárselo a su torero.

96, 97. El toro salta a la arena y hay toreros que tienen
la superstición de no querer verlos salir.

98, 99. Valencia: su torero, Enrique Ponce; y el toro recién salido del toril.

100, 101. Toro astifino, veloz y bravo: un animal que infunde respeto.

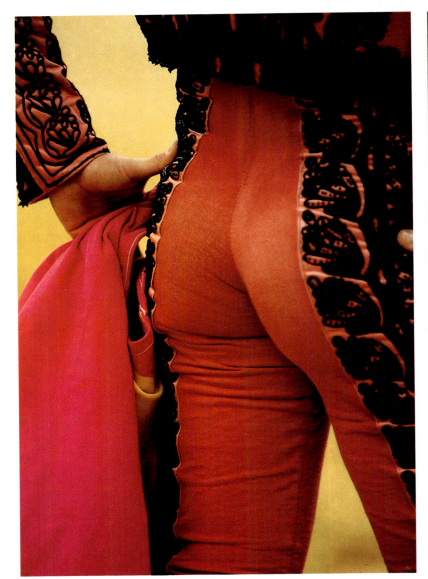

102 a 105. Para empezar, la larga cambiada de rodillas; luego, todo lo demás.

106 a 109. Nazareno y azabache: Rafael de Paula mece
el lance a la verónica. Un torero distinto.

110 a 113. La verónica, la chicuelina... mientras Curro y Paula
dirimen el estado de la cuestión.

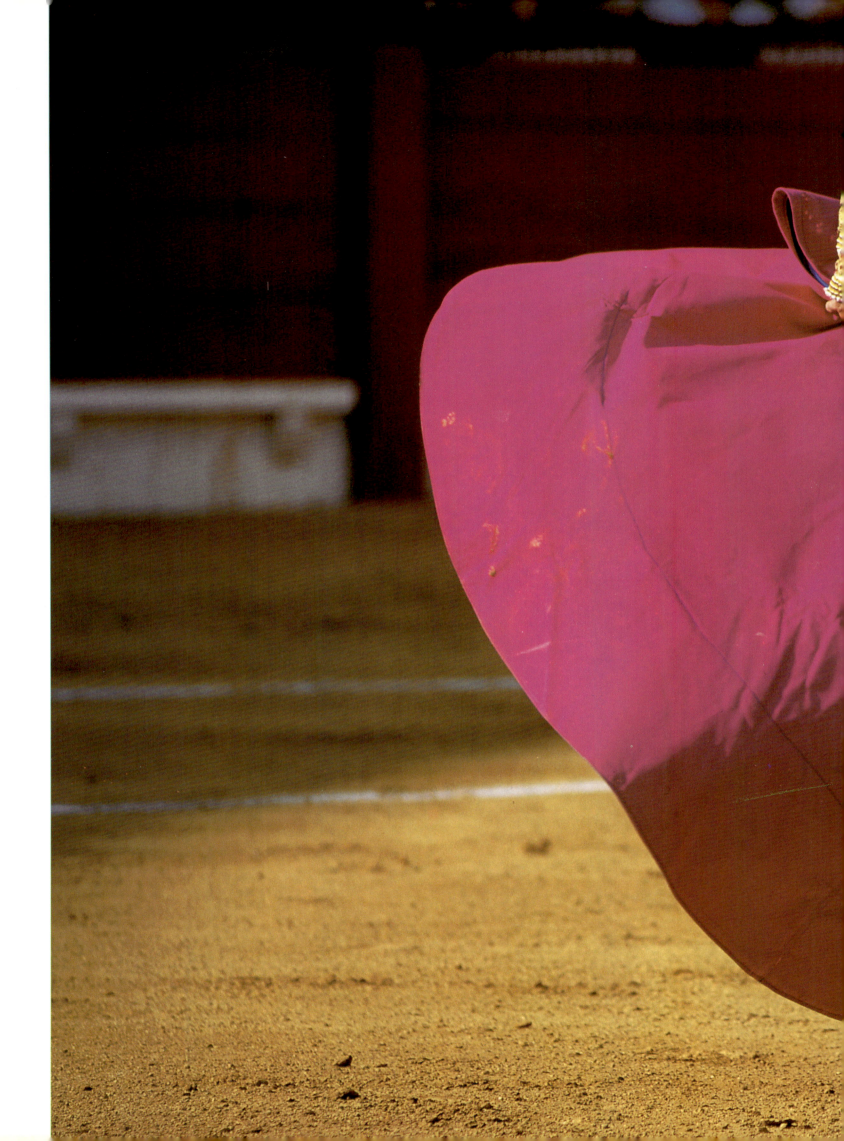

114 a 118. El lance del delantal, la larga, la revolera.

120 a 126. La puya, el castoreño, el picador y su sombra, la bravura
y el poderío: todo es parte de la fiesta.

128 a 130. El arte de banderillear según Víctor Mendes y El Formidable.

132, 133. «Brindo por usía» es la frase ritual. En los tiempos modernos, los toreros
—caso de Litri— han cambiado la fórmula por «Con su permiso».
Salvo cuando preside el Rey, donde el tratamiento correcto es de Majestad,
con albricias por su presencia y vivas a España.

134 a 136. Cristina Sánchez y Luis Francisco Esplá: dos formas de plantear las suertes.

137 a 141. Un abanico de estilos: Manolo Sánchez en el ayudado por bajo;
el derechazo en el platillo de la Maestranza y la Giralda asomada al fondo;
el redondo surcido, hondo y puro de Rafael de Paula,
una tarde de inspiración en Aranjuez; y Curro Romero, un tiempo después.

142 a 145. El derechazo y el natural: pases habituales que constituyen
el armazón de las faenas de muleta.

146, 147. El Tato se desplanta, la afición se alivia.

148, 149. Mientras uno permanece en el acalorado fragor de la lidia,
otro libera los nervios de la espera con el humo del cigarrillo.

150 a 153. El tremendismo es un inciso en el arte de torear, que se manifiesta
con mayor plenitud en el pase de pecho.

154, 155. Los aficionados se sienten realizados contemplando
la torería del pase de pecho belmontino.

156. Y, por una súbita inspiración, el afarolado.

157, 158. Un marco insólito: toros en Buitrago.

160, 161. Las dos formas del pase de pecho clásico: por la izquierda y por la derecha.

162, 163. El claroscuro del toreo; la obvia claridad de
la manoletina, a la manera de José Tomás.

164, 165. El toreo mirando al tendido de Canales Rivera, da que pensar.

166, 167. Blondas y mantillas: la tradición vuelve a los tendidos, mientras abajo, en el callejón, siguen luciendo los machos sobre la media de seda.

168 a 172. Un arte singular, audaz, fugaz y efímero.

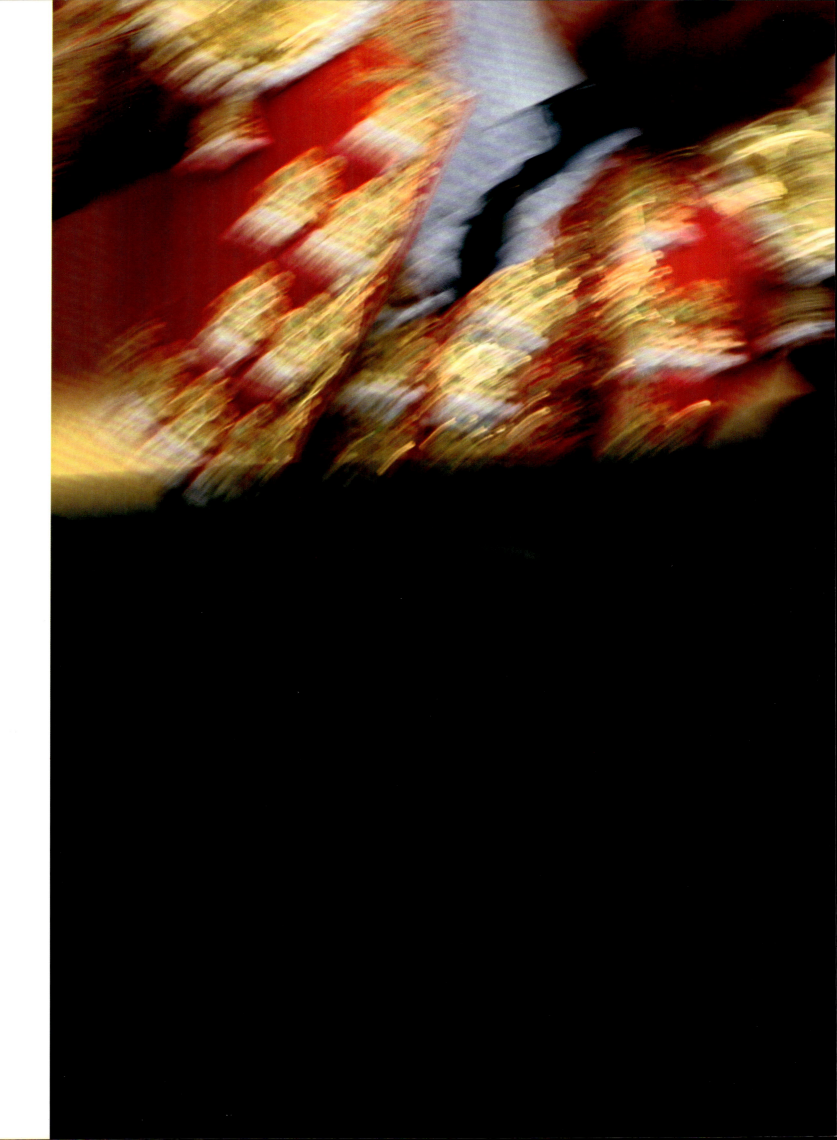

174 a 178.
A veces la belleza se trunca,
el peligro inherente a la lidia
se materializa y surge la cornada.
La fiesta del arte y el valor
tienen en el drama y hasta en
la tragedia uno de los elementos
constitutivos de su grandeza.

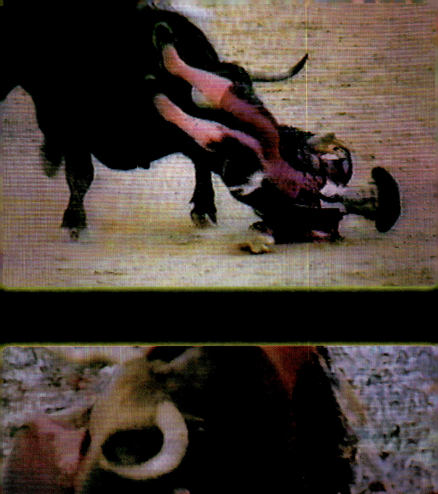
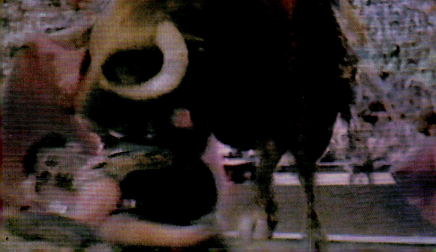

180. En el fragor de la pelea.

181. El mozo de espadas repite cada tarde una de las tareas
previas a la corrida: armar las muletas.

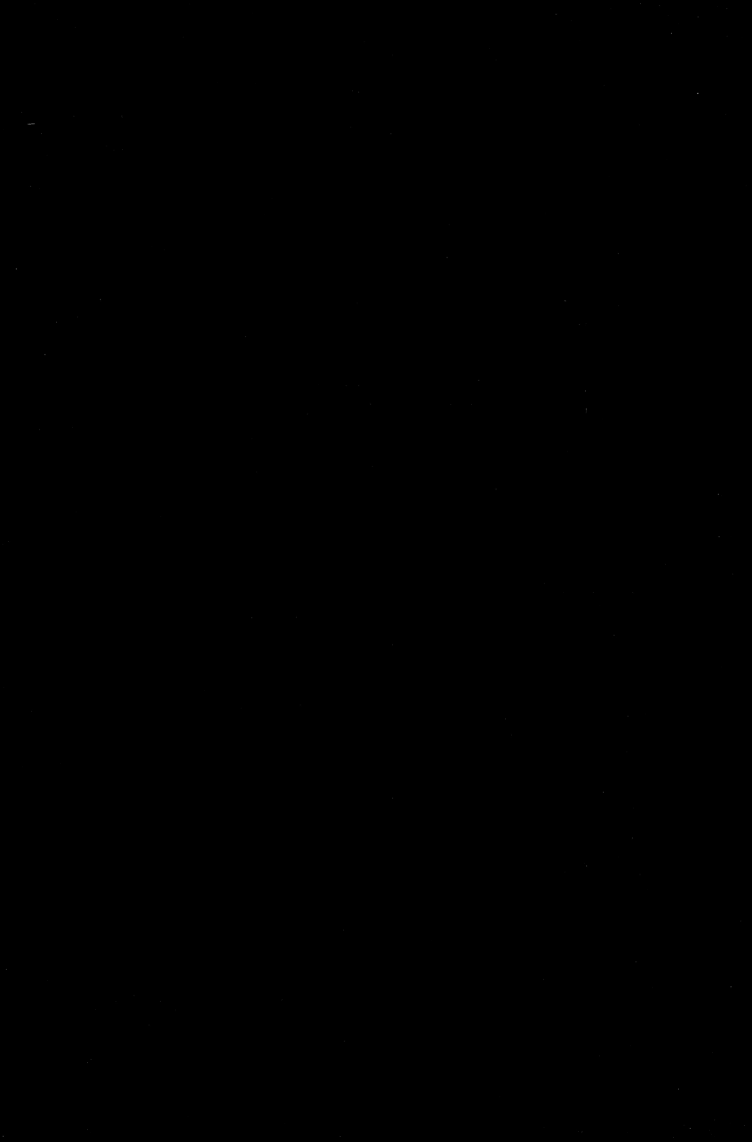

183 a 187. La suerte suprema.

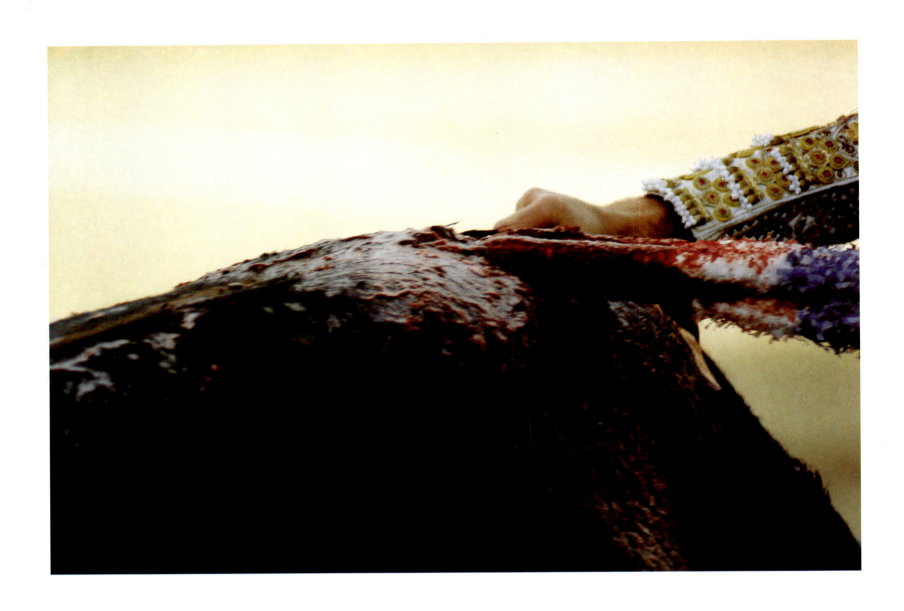

188, 189. Consumando el volapié.

190, 191. Dobla el toro por efecto de la estocada.

192 a 196. Flamear pañuelos es una de las manifestaciones preferidas de los públicos.
Una vez dobla el toro se consuma el rito. Y todas las tensiones anteriores quedan compensadas
por la explosión de júbilo, por el calor del triunfo y la embriaguez de la gloria.

200 a 204.
El triunfo supone tocar la gloria. La tragedia del torero
supone alcanzarla de lleno. A los restos mortales del Yiyo,
víctima de una cornada que le partió el corazón, se les dieron
una clamorosa vuelta al ruedo en la plaza de Las Ventas.
Joselito el Gallo, el torero más grande
de todos los tiempos, tiene un impresionante mausoleo
en Sevilla, obra de Mariano Benlliure.

207 a 209. La vaca pare en soledad en un recóndito paraje de la ganadería.
Y el recién nacido, no bien ha caído en tierra y su madre le ha lamido los calostros,
ya está deseando ponerse en pie y, conseguido, trastabilla,
amagando embestidas, que constituyen la manifestación evidente de su bravura.

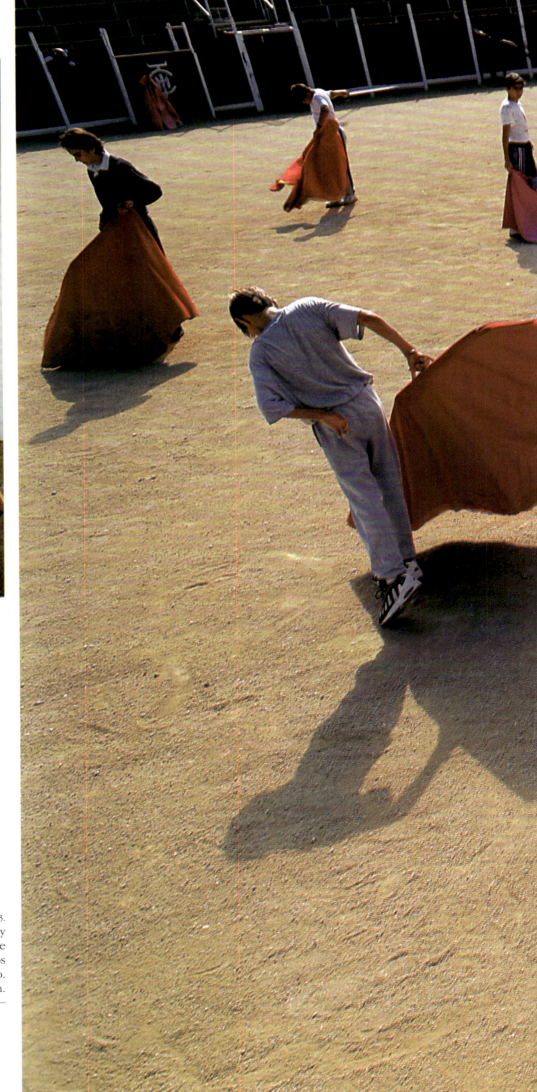

210 a 213.
El carretón es el instrumento básico de la enseñanza y entrenamiento para el arte de torear. Una técnica que enseñan en las escuelas de Tauromaquia a los jovencísimos alumnos, aspirantes a torero.
Y, según aprenden, el toro crece y aprende también.

TORO

El *Bos taurus primigenium* campaba por las frondas de la primitiva Iberia enseñoreándose del territorio, y el hombre ibero quiso entrar en él. Ese debió de ser el origen remoto de una compleja confrontación que llamamos lidia y que evolucionó a fiesta.

El *Bos taurus primigenium*, hoy toro de lidia, está presente en todas las culturas, principalmente las mediterráneas, y la creación erudita ha creído encontrar en ello el origen remoto de la actual fiesta, con citas al palacio de Knossos, a Creta, a los ritos iniciáticos, a las ceremonias de la fecundación, pero todo ello seguramente no es sino imaginativa y buena literatura.

El toro de lidia, embastecido, agresivo, salvaje e imponente, estaba en su territorio, lo defendía a cornadas, y el hombre, que le disputaba la posesión, aprendió a librarlas.

Todo el trance histórico que va desde el principio de los tiempos hasta el último tramo de este segundo milenio que vivimos permitiría describir, si se siguiera concreta y documentadamente, cómo se llegó a aquellas justas reales en las que la nobleza hacía alarde de valor y arte ecuestre ante la Corte y su rey pidiendo que les soltaran toros, planteando liza con galopes y arriesgados quiebros, alanceando a la fiera, finalmente dándola muerte.

Pero es lo cierto que allí se llegó, y que pronto hubo de entrar en el espectáculo el pueblo llano, con oficio servil según le correspondía en concordancia con su categoría social, pues el noble necesitaba de su auxilio para reducir los riesgos de las suertes y, en cuanto fuera posible, incrementar su belleza.

Entraban, pues, lacayos en el juego, para hacer lo que hoy llamamos quites; requerir la atención de la fiera si se arrancaba con peligro y podía dar alcance al caballero por sus muchos pies; burlarla, fijarla, correrla, tal cual conviniera, con la lógica exposición del chulo capoteador, que frecuentemente concluía en voltereta y difícilmente se podría librar de la cornada.

Y éste fue el principio del fin de las exhibiciones de la nobleza alanceadora ante la Corte y su rey, pues todos ellos, y el pueblo al que se permitía contemplar las justas, encontraron más interés y emoción en las fugaces intervenciones de los servidores a pie que los prepotentes alardes de los señores a caballo.

De ahí en adelante la confrontación del hombre y el toro se haría a pie, mediante utilización de capas; evolucionaría a toreo; se convertiría en espectáculo, y daría ocasión a configurar una cultura que habría de arraigar muy hondamente en la vida de Iberia.

No quiere decirse que el toreo a caballo desapareciera para siempre, y en la segunda mitad del presente siglo ha conocido un resurgimiento y una madurez inimaginables en centurias anteriores. Los Cañero y Simao da Veiga de antes de la Guerra Civil, tuvieron una influencia decisiva en ese resurgimiento que después perfeccionaron y dieron categoría, entre otros, Álvaro Domecq y Díaz, primero, Ángel Peralta, después. Aparecieron nuevos rejoneadores que configuraron un espectáculo ecuestre brillantísimo; el portugués Lupi aportó una consumada técnica lidiadora y nuevas suertes, sentando una escuela de la que João Moura es su máximo exponente, y ya en las décadas de los años setenta y ochenta, había un extraordinario plantel de rejoneadores que convirtieron el toreo a caballo en puro alarde.

Es, evidentemente, otra modalidad de la tauromaquia, que en nada interfirió el toreo a pie, también llamado de lidia ordinaria. Ésta se produjo, ya desde sus orígenes, con fuerza extraordinaria. El concierto de cuantos intervenían, en lo que ya empezaba a llamarse toreo, para que hubiera fiesta con ciertas garantías de equilibrio entre la brava acometida del toro y la destreza de los toreros, pertenece al ámbito de la genialidad.

Aquellos primeros toreros eran hombres rústicos, presuntamente iletrados, y sin embargo fueron capaces de concebir un conjunto de reglas que armonizaban las características esenciales del toro y sus múltiples variantes en cuanto a comportamiento, con las suertes precisas para dominarlo. Y, a su vez, todo el desarrollo del espectáculo propendía a que el toro fuera manifestando el grado verdadero de su poderío y bravura, con el fin de que él mismo constituyera espectáculo y de que los ganaderos de bravo pudiesen calibrar sus condiciones para la lidia, lo que les habría de servir de guía en las sucesivas labores de crianza y selección.

Nacieron de ahí los tercios de la lidia. Uno, protagonizado por el picador, a caballo y armado de puya, cuya finalidad sería ahormar la fiereza del toro en tanto se efectuaba la prueba básica de bravura; otro, protagonizado por banderilleros, cuya finalidad sería recuperar las embestidas largas del toro utilizando arpones; el tercero, a cargo del jefe de la cuadrilla, que daría muerte al toro. Y en todo su transcurso, una ilimitada sucesión de suertes de capa y de muleta con que el matador podría explayar la exhibición, siempre arriesgada, emocionante y bella, de su valor, de su arte y de su maestría.

No se practicaban estas suertes de manera aleatoria. Seguramente sería así en sus principios, pero en seguida se fue conformando una técnica de picar, de banderillear, de lancear y de matar. La experiencia dictaba las normas. El toro, al embestir, humilla, y esa acción habría de ser determinante en la configuración de todas las reglas. Los padres de la tauromaquia definieron las normas básicas del arte de torear, que nunca eran arbitrarias ni tenían en ningún caso carácter dogmático, sino que correspondían a la atenta observación del comportamiento de los toros.

Un toro bravo se crece al castigo.

Un toro bravo cabal embiste codicioso y fijo a los engaños y es lo que con el tiempo se vino a llamar nobleza.

El toro ha de manifestar su bravura en la prueba de varas.

Un toro no será bravo si en esa prueba de varas no acomete con fijeza recreciéndose al castigo, aunque luego en las suertes de capa o de muleta lo haga con sostenida nobleza.

Los ganaderos tuvieron siempre presentes estos datos, obtenidos en las múltiples peripecias de la lidia, para las labores de selección de sus reproductores. Si una camada no pasaba en la plaza las pruebas de bravura, ese era síntoma inequívoco de que las cruzas de sementales y vacas de vientre estaban equivocadas.

Muchos ganaderos modernos —y la modernidad, en la fiesta, ya lleva más de medio siglo de vigencia— lo entienden al revés. Muchos ganaderos modernos relegan la significación de la prueba de varas mientras dan preeminencia a la nobleza que muestran las reses durante las suertes de capa y de muleta; y de este modo acaban inventando el manso.

En ese medio siglo largo de modernidad numerosas ganaderías que gozaron de las preferencias de los toreros por la suave nobleza de sus productos entraron en decadencia —algunas hasta han desaparecido—, precisamente porque en ellas se hicieron las labores reproductoras de acuerdo con aquellas características, con menosprecio de la bravura esencial, que se revela en la prueba de varas.

Los padres de la tauromaquia partieron de esta premisa en la configuración de la lidia. El tercio fundamental era el de varas. En él se producían los mejores y más intensos lances del espectáculo. El toro tomaba todo el protagonismo exhibiendo su estampa y su poderío. De inmediato lo compartía con el picador, que lucía su destreza con la vara de detener. Los puyazos se sucedían. No eran puyazos bárbaros e interminables, como suele acontecer en la actualidad, sino breves, pues los toreros a pie se aprestaban al quite, y procuraban hacerlo con majeza empleando un surtido repertorio de lances. En esos quites competían los diestros de la terna y todo este pasaje de confrontación, donde cabían recursos de maestría, manifestaciones de sensibilidad artística, flamenquería y majeza, alardes de valor —que podían llegar a ser verdaderamente temerarios— estaba cargado de emotividad.

Concluía a toque de clarín el tercio y ya se había producido en toda su intensidad el espectáculo del toro, su poder y su bravura; del picador, con su habilidad y su valentía, frecuentemente a prueba de batacazos y hasta de fracturas y cornadas; de los matadores, con su arte, su pundonor y su arrojo; de los subalternos, que habían de intervenir en tareas de apoyo haciendo gala de un perfecto conocimiento de su oficio. Quedaban por delante aún dos tercios de la lidia y el arte de torear ya había desplegado toda su grandeza.

La grandeza del toreo es inimaginable sin el toro y sin el torero que se atreve a hacerle frente y sabe dominarlo. El *Bos taurus primigenium* aquel, embastecido, imponente y fiero, que campaba arrogante por las frondas de la primitiva Iberia, inspiró un arte hecho de genialidad y de valentía que hoy llamamos fiesta y que quizá se convirtió en el mayor espectáculo del mundo.

Hay toros que se miran en las aguas.

«El toro se está mirando... en los espejos del río», canta la copla del toro enamorado de la luna, y es verdad. Siempre es verdad con la mayoría de los animales y de las reses bravas. Sin embargo hay toros que tienen todo el día para mirarse en las aguas de las dehesas y los hay que apenas gozan un breve rato de esa oportunidad.

El agua es una de las determinantes de las ganaderías de bravo. Una buena finca será aquella donde corra río o cuente con alguna laguna, las hay en plenas marismas, y otras se encuentran en tierras que parecen yermas y que en cierto modo lo son pues durante largas épocas del año se convierten en secarrales.

Los ganaderos discrepan de lo que es mejor para la crianza del toro bravo. Algunos prefieren los campos cuajados de hierba fresca y otros sostienen que los secanos producen mejores pastos. Esto afectaría directamente al peso y a la configuración zootécnica del toro, que en tauromaquia se llama trapío, y es importante cuestión, pero hay especialistas que también consideran la alimentación determinante de la bravura.

Es muy discutible todo. Nadie posee la ciencia definitiva acerca de la crianza del toro porque, en tal caso, lo presentaría en el ruedo, siempre y sin excepción, con trapío irreprochable, fortaleza indestructible, bravura inagotable e inequívoca, nobleza total; es decir, la perfección. Ahora bien, la técnica que en general emplean los ganaderos de bravo es la mejor de las posibles. Los ganaderos, en su conjunto, han configurado una ciencia —acaso un arte— para la crianza del toro bravo, de resultados admirables.

Los ganaderos históricos tienen el principal mérito y es justo reconocerles tal honor. El toro que campaba por las frondas de Iberia fue recogido y reunido en explotaciones ganaderas donde sus propietarios, con la gente de su confianza, se empeñó en la tarea de criar el toro cuya estampa maravillara a los públicos, de bravura que diera motivo y argumento a la lidia, y dotado de una boyantía que permitiera el lucimiento de los toreros.

Mantener la casta era esencial. Los encastes se diferenciaban según zonas y procedencias. La casta es la solera del toro de lidia. Coloquialmente la llaman raza y se entiende la intención, más convendrá eliminar el término, que confunde la propia especie con su comportamiento característico. La raza es la naturaleza zootécnica del toro; la casta, lo que caracteriza su comportamiento. Un toro de casta puede ser bravo o manso, noble o bronco, con ingenua docilidad o ese peligroso sentido que los revisteros antiguos calificaban de pregonao.

Manteniendo los encastes, los ganaderos históricos fueron legando a sus herederos, durante siglos y sin solución de continuidad, unas reses con características definidas que abarcaban tanto al aspecto exterior como al interior, tanto a la estampa como al temperamento. Existen ganaderías con personalidad tan acusada que basta ver cualquiera de sus toros para conocer de dónde proviene.

El distintivo más elemental, directo e inmediato, es la capa.

Los cárdenos, los berrendos o salpicaos, los calceteros, luceros o botineros, los coloraos o los castaños, los retintos, los sardos, los salineros, ya van anunciando ciertos encastes. Mas no es suficiente. Estos pelajes han de combinarse con la configuración de la cornamenta, que también es definitoria de determinadas ganaderías, y las hay donde abundan los delanteros o los gachos, los brochos o los cubetos, los veletos o los cornipasos. Y ambos atributos combinarse, a su vez, con la propia estructura anatómica de los animales, de forma que en unas ganaderías se da preferentemente el toro de gran alzada y anchuras, o el terciado, o el de largo esqueleto de testuz a rabo, o el enmorrillado, o el agalgado, o el aleonado, o el zancudo, o el escurrido, o el hondo.

Los padres de la tauromaquia dieron nombre a cada variedad de tipos, astas, pelajes, diferenciando hasta los detalles más nimios. Y asentaron un catálogo, brillante e imaginativo, que unido a los movimientos y estados del propio toro durante la lidia y a las múltiples suertes que se efectúan durante su desarrollo, acabaron por crear un vocabulario riquísimo, auténtico lenguaje específico que trascendió al habla de las gentes. El idioma español cuenta ahora con muchísimos registros, voces y giros que provienen de la tauromaquia.

Una desgracia para la singularidad de la fiesta es que en los tiempos actuales se esté procediendo en sentido inverso. Los mismos profesionales del toreo, en buena parte, aplican al ámbito de su oficio taurino giros coloquiales, incluso innecesarios circunloquios o rasgos metafóricos, que nada tienen que ver con él, y han puesto de moda un habla carente de ingenio, despersonalizada, ordinaria y fea, con expresiones tan ridículas como el toro «que sirve», el que «se deja» o el «de vacas». O el toreo que consiste en «dar el toque» —los aficionados son más claros y peyorativos, y a ese ardid lo llaman «meter el pico»— o en «dejarla puesta», con lo cual se quiere significar, lisa y llanamente, que el torero presenta la muleta. Por qué, dónde y cómo, ya parece darles igual.

Con semejante desnaturalización del lenguaje taurino clásico lo que se está haciendo es corromper su vocabulario específico, relegarlo al olvido, llevarlo a su desaparición. Lo cual quizá no sea totalmente caprichoso pues si se intenta profundizar algo en su significado, resulta que los términos de la novísima habla no sólo son ajenos sino radicalmente contrarios a la verdadera esencia de la tauromaquia.

La belleza del toro en el campo debería tener su continuidad en el espectáculo de la lidia, y así fue en toda época hasta que llegó la modernidad.

Estas apreciaciones deben matizarse. La fiesta de los toros nunca fue ni moderna ni antigua. Nació y permaneció en continua evolución sin que en ningún caso se reconociera fruto de época alguna. El problema llegó cuando alguien dijo que era preciso revisar los conceptos anacrónicos del arte de torear y acoplarlos a los gustos de la modernidad que vivimos y se encuentra en los albores del tercer milenio. La proposición era interesada, por supuesto. Se trataba de eliminar el toro con su casta, su trapío y su fortaleza característicos y sustituirlo por el feble y aturdido animal que suele salir actualmente a los ruedos; el toreo de exposición y dominio que se sustanciaba ganándole terreno al toro y ligándole las suertes, por el de los pases aislados, distanciados, repetitivos e inconexos.

Los ganaderos históricos que conservaron los encastes y los legaron en su cabal pureza a las posteriores generaciones, con el toro en su majestuosa integridad, poderoso y bravo, no merecen semejante falta de respeto por parte de sus sucesores; ni la hermosa fiesta que sobre la base de ese elemento esencial lograron concebir, tan penosa suerte.

El toro en su majestuosa integridad...

El toro en el campo es un animal pacífico, que gulusmea los pastizales mientras tiene apetito, y el resto del día sestea.

Los toros recorren la ganadería pasito a paso y a veces apelotonados en manada por las arboledas. No es raro que alguno se distraiga o se vaya lejos a rumiar quién sabe qué frustraciones al abrigo de un soto lejano. Los vaqueros están atentos a los movimientos de las reses y muchas veces su tarea consiste en galopar en busca del huidizo. No suele ser difícil, porque conocen perfectamente a todos los ejemplares de la ganadería, a los que han visto nacer y crecer, y saben de sus costumbres y sus querencias.

Por razones que el entendimiento humano no podría precisar, algunos toros se pelean. Los literatos nos han contado historias de amores y de celos, con sus crueles venganzas, bien traídas todas y bonitas, aunque seguramente no son ciertas pues los toros que se van a dedicar a la lidia ni padrean ni se les deja conocer vaca.

El dominio del territorio sí puede ser causa de enemistades y de odios. La disputa del pienso en un comedero también produce riñas y topetazos según se ha podido apreciar. Pero a veces la inquina de toda una manada contra uno de sus integrantes constituye un insondable misterio.

Visitábamos una famosa ganadería que se encuentra en las abruptas escarpaduras de Sierra Morena y en el transcurso de su recorrido —por supuesto al amparo de peligros, dentro de un coche todo terreno— dimos en llegar a donde pastaban los toros del año, todos ellos cuatreños, que habrían de lidiarse en distintas plazas meses después. El ganadero nos iba señalando el destino de cada toro cuando, al llegar cerca de uno de ellos, observó horrorizado que le corrían hilos de sangre en la cercanía de un ojo.

El aspecto de la herida no hacía presumir cornada. Quizá se tratase de un mal pajazo o de algún golpe fortuito contra cualquier canto del terreno pedregoso. Sin embargo había que poner remedio y el ganadero dio orden a uno de sus vaqueros para que se llegara al cortijo y trajera una escopeta de anestesiar. Así se hizo y mientras esperábamos, continuamos el minucioso recorrido por entre la pacífica manada, que daba buena cuenta de la hierba sin prisas y a su sabor. Los mastines correteaban juguetones por medio de la torada sin que las reses los hicieran caso, y ni siquiera un concierto de ladridos que dio uno de ellos, el más travieso y saltarín, las alteró.

Al cabo llegó el vaquero con la escopeta y unos potingues medicinales que entregó al ganadero; pidió permiso, colocó en la cámara la cápsula anestesiadora, se echó la escopeta al hombro, apuntó con cuidado y disparó al toro herido. En principio no hubo nada: todos los animales seguían pastando indiferentes a los coches, a los caballos y a la gente que los rodeaba. Pero a los pocos minutos empezó a hacer efecto la anestesia. Al toro que la había recibido le entró una tembladera. Anduvo vacilante unos pasos, trastabilló... Y justo entonces, al apreciar el resto de la manada que el toro entraba en estado claudicante, se arrancó contra él enfurecida, lo topó y lo corneó con la evidente intención de derribarlo y hasta darle muerte.

La refriega que se armó contra el toro fue realmente alucinante. Para disolver el tumulto, los vaqueros galopaban en torno pegando gritos y tirando piedras; los mastines daban ahora ladridos amenazantes, brincaban a los rabos de los toros para hincarlos el diente y a alguno le alcanzaron el maslo, donde dejaron huella; los conductores de los coches hacían sonar los cláxones, y todos la emprendimos también a voces con el propósito de espantar a los agresores. Se consiguió en poco tiempo y los toros salieron de estampida a una loma cercana, veloces y empavorecidos.

Cuál fue la razón de que los toros se lanzaran a matar a uno que daba muestras evidentes de debilidad, nadie de los presentes supo explicarlo. Se hacían conjeturas. Quizá el toro había sido el gallito de la manada, —aunque ninguno de los vaqueros lo recordaba así—, y sus hermanos aprovecharon para tomarse venganza. Quizá la herida del ojo era consecuencia de una pelea aún no resuelta y los toros vieron ocasión propicia de rematarla. O quizá fuera que el toro no es en el campo ni tan pacífico ni tan noble como aparenta, y si entre los de su especie se respetan es porque impera la ley de la fuerza y ninguno de entre ellos tiene certeza de a dónde pueden llegar sus congéneres en caso de confrontación.

La anestesia hizo el efecto que se pretendía y el toro se derrumbó. Se derrumbó sin llegar a dormirse; quedó sentado y el ganadero personalmente, con ayuda de dos vaqueros, se apresuró a curarle la herida aplicándole los potingues con la habilidad y el esmero propios de un cirujano. Mientras tanto, y ya que el ganadero nos dejaba, los visitantes reproducíamos delante del toro abatido los desplantes temerarios que habíamos visto hacer a los toreros tremendistas en las corridas de postín. Un servidor se dio a un tremendismo vergonzante perpetrando toda clase de excesos, como tomar ambas astas con las manos a la manera de El Cordobés, o arrodillarse de espaldas a la cornamenta al estilo de Espartaco, o hacer el teléfono, al modo de Carlos Arruza.

Mas empleó poco tiempo la broma, que el ganadero y sus ayudantes celebraban, porque el propio toro me despertó enseguida la curiosidad; me llamó la atención principalmente su expresión, que observé con larga insistencia.

La expresión del toro no denotaba nobleza sino maldad. Era una expresión feroz, maligna, realmente endiablada. No descarto, por supuesto, que mis bromas lo hubieran enfurecido y estuviera deseando darme el pasaporte, maldiciendo la hora en que un individuo a caballo le pegó un tiro dejándolo fuera de combate durante un rato. Pero seguramente esto será también literatura. El toro es, efectivamente, uno de los animales más bellos de la creación, lo que no empece para que lleve en sus genes de casta brava una furia intuitiva que se traduce en agresividad, destrucción y muerte.

Si al toro no se le inquieta no hace nada, es realmente pacífico. Esta afirmación se tiene por axiomática en el mundo ganadero. Hay pruebas abrumadoras. Cada día en las más de mil ganaderías existentes en el país, el personal de las fincas surte los comederos con los toros allí próximos sin que nadie sufra el ataque de las reses. Muchos vaqueros se acercan a los ejemplares con mayor confianza que los más valerosos diestros en sus mejores faenas, y algunos hasta los acarician.

En efecto: si no se les inquieta, los toros no hacen nada, y sólo están a lo suyo, que consiste en comer y sestear.

Ahora bien, una cosa es decir la frase axiomática, otra creerla.

Recorríamos en el todoterreno una extensa ganadería, esta vez del campo extremeño, y ya habíamos visitado los almacenes, la cuadra de caballos, el embarcadero, la zona donde se guardaban las vacas y sus recentales, sin ningún incidente pese a que el campo estaba embarrado y el ganadero había de pegar continuos volantazos para no meternos donde no pudiéramos salir.

La suerte no es eterna, sin embargo, y al aproximarnos a donde permanecían los toros de saca, una rueda se hundió en el barrizal, y allí quedó, patinando con gran ruido a cada acelerón que daba el ganadero para reemprender la marcha. Comprobado que no podíamos movernos, nos apeamos, estudiamos la situación y se determinó que poniendo cuñas bajo las ruedas el coche salvaría el atolladero sin problemas. Me dijo el ganadero:

—¿Ves aquel montón de troncos de allá? Pues vete y tráete un par de ellos.
Le respondí:

—Mejor que no vaya pues los troncos están allá, sí, ya los veo; pero también veo a los toros, que están acullá, a igual distancia, y podrían arrancarse.

—Parece mentira que tú digas eso —repuso—, pues sabes perfectamente que si no se les inquieta, los toros no hacen ná.

—Pues si no hacen ná ve tú —contesté.

Y entonces fue el ganadero y concluyó:

—Amos anda: yo no voy; ni que estuviera loco.

Un vaquero que había advertido desde la distancia nuestras cuitas cabalgó hasta donde el ganadero había señalado, cogió troncos, vino, ayudó a ponerlos de cuña, esperó a que saliera del barrizal el coche y cuando nos alejábamos nos dijo adiós con la manita. El caballo también dijo adiós con la manita y refrendó la cortesía pegando un largo relincho. O a lo mejor lo que relinchaba era «¡Pardillos!». Todo podría ser.

La selección del toro se hace en pureza cuidando con esmero las características de sus reproductores.

El laboratorio de la bravura es la tienta.

Muchos años de experiencia —hablamos de siglos— han demostrado que la mejor prueba de bravura de las reses, quizá la única, es aquella en la que se aprecia su reacción al castigo. Se hace con la puya y la suerte es prácticamente la misma que se practica en el primer tercio de la lidia.

Esta tienta se realiza normalmente en plaza aunque hay ganaderos que prefieren hacerlo a campo abierto. Tienen sus razones: en la placita de tienta, la capacidad del toro para huir se limita por la barrera y pues el picador permanece próximo, puede que emprenda de nuevo el ataque más por un instinto en cierto modo defensivo que por una verdadera reacción de bravura. El campo, en cambio, permite al toro escapar hasta donde le plazca, incluso refugiarse bajo las encinas, y si vuelve a embestir será guiado por su brava condición.

Ambas posiciones son discutibles pues el retorno puede obedecer en el campo a las mismas motivaciones que en la placita de tienta y, además, ésta ofrece unas posibilidades de querencia que el campo no tiene y si el toro busca en ellas su amparo estará proclamando su mansedumbre.

En ciertas ganaderías —realmente muy pocas— se sigue utilizando la antigua tienta por acoso y derribo en la que no hay puyas sino garrochas y la efectúan a campo abierto dos jinetes altamente cualificados. Es una técnica muy apropiada para los machos, pues al parecer no adquieren resabios. Consiste en soltar a la res, normalmente en la edad de eral —que son tres años—, perseguirla y provocar que pierda el equilibrio golpeándola con la punta de la garrocha en la penca del rabo. Las reacciones de la res —si planta cara a los jinetes o los rehuye, si se levanta presto o se demora vencida, si ataca o vuelve grupas— son las que darán la medida de su bravura.

Los procedimientos de tienta constituyen hallazgos admirables, fruto de la creatividad, de la afición y del amor de los ganaderos hacia sus toradas. Antes de esta técnica se utilizaban artilugios de una excesiva elementalidad, como era colocar un dominguillo en el centro del corral, soltar a la res y observar sus embestidas. Dominguillos eran muñecos que tenían por peana una especie de balancín, y obviamente se movían, con más intensidad si recibían los derrotes del toro. El reclamo recordaba, más o menos, al cimbel, que desde tiempos antiguos utilizan cazadores para atraer a la paloma torcaz. Frecuentemente el dominguillo salía por los aires o se iba al suelo, como se puede suponer, y si la res hacía por él corneándolo, también se daba a la peripecia una valoración positiva.

No estaba mal; mas se sabe por experiencia que los toros que cornean a los cuerpos inanimados no son por fuerza los más bravos. A veces son los más mansos. Muchos toros sólo se envalentonan con el torero cuando lo ven en el suelo caído e indefenso, y desahogan su furia corneándolo con saña.

Antes aún que los dominguillos lo que colocaban en el centro del corral era un cesto y consistía la prueba en observar la codicia con que lo corneaba el toro. Solía hacerse en Navarra y cuando aparecieron los nuevos sistemas cayó en desuso por inservible, si bien eruditos en la materia, aún hoy, transcurridas tantas centurias, sostienen que había de ser eficaz pues tenía su aquel.

La tienta en plaza requiere una seriedad y un rigor estrictos que a veces se malinterpreta o se desvirtúa por culpa de los invitados. Las jornadas que se dedican a las tientas son días grandes en la ganadería. Acuden toreros a participar en la faena, el ganadero convida a sus amistades y quizá también a los compromisos, algunos aprovechan para hacer relaciones públicas y concertar negocios con los taurinos, y el cortijo adquiere unos aires de fiesta que en nada se compaginan con la importancia de la faena campera que se va a realizar.

Peor es si entre los invitados hay aficionados con veleidades toreras que se creen Lagartijo. Los ganaderos disponen para ellos unas becerras apropiadas que les

permitan hacer el ganso sin peligro, y se habla de algunos que el concepto de becerra apropiada lo entienden en distinto sentido. Quiere decirse que meten de matute una de comprobada mala uva —o sea, toreada ya y licenciada en latines— y a los invitados fanfarrones les dan su merecido.

El invitado con ínfulas de torero lo que hace en realidad es remedar el estilo de su torero favorito y lo normal es que la becerra lo ponga a correr más que la jaca de la Algaba. Hay, no obstante, quienes saben cuáles son los registros fundamentales del arte de torear y sorprenden a los profesionales. Se ha dado el caso —raro, esa es la verdad— de aficionados que sabían interpretar el toreo con mayor pureza que los propios matadores asistentes a la tienta y entonces se producían situaciones embarazosas.

De todos modos torear una becerra un día de tienta nada tiene que ver con medirse con un toro de redaños y sacarle partido. El toreo es una profesión durísima que va mucho más allá de pegar unos cuantos pases con galanura. El toreo, que requiere vocación y valor, es un ministerio permanente, un aprendizaje continuo, donde no faltan percances, sacrificios y otros muchos sinsabores. El torero que torea con soltura un toro de redaños lleva detrás un inmenso caudal de ciencia y experiencia.

Los toreros profesionales que intervendrán en la tienta de las hembras han de conocer la técnica apropiada, entender las variantes condiciones de las reses, saber lidiar, y comportarse con estricta disciplina para cumplir las indicaciones del ganadero.

Es el ganadero quien dirige la tienta y así debe ser. No es que posea mayores conocimientos taurómacos que los profesionales del toreo —aunque puede ocurrir— sino que tiene una línea trazada, un concepto claro de lo que ha de ser su ganadería.

Si el ganadero quiere que su ganadería sea comercial —es decir, la que produce toros cómodos, de escasa agresividad y pastueña condición— supondría un absurdo aconsejarle que sea consecuente con la pureza de la selección y los valores de la fiesta, y mande al matadero las vacas de escaso temperamento. Si su afición le conduce hacia una ganadería de casta sostenida e indómito poderío, no tendría sentido pretender convencerlo de que elimine las vacas incómodas por sus continuas y vibrantes embestidas.

Una a una van saltando a la placita de tienta las reses, el torero las coloca a la distancia debida, se produce el puyazo; si la vaca se defiende, se quita el palo, recula o se marcha suelta al sentir el castigo, esos serán síntomas de mansedumbre; y si el ganadero es auténtico y, por tanto, posee el escrúpulo propio de los de su condición, la dará inmediatamente puerta.

No son pocos los ganaderos modernos, sin embargo, que aún tomando nota de estas inhibiciones no les bastan para rechazar a la vaca y piden al torero que la pase de muleta por lo que pueda suceder. Y lo que frecuentemente sucede es que en la muleta, donde ya no hay castigo, la vaca embiste bien, incluso es pronta al cite y suave en el recorrido, y ese dulce comportamiento le permite al torero interpretar con tranquilidad, galanura e inspiración todo tipo de suertes.

El ganadero poco escrupuloso se emociona con ese comportamiento pastueño de la res. Lejos de enviarla al matadero la califica de excelente y la reservará para cruzarla en su día con el semental. Es opinión de otros ganaderos más escrupulosos, de profesionales avezados y de aficionados conocedores, que se equivoca y que seleccionando con ese criterio, en poco tiempo acabará llevando la ganadería al descrédito y a la ruina. Pero otros colegas, profesionales y aficionados le apoyan y le felicitan porque ese es el tipo de toro que consideran idóneo para la fiesta. Y así nos va.

Cuanto movimiento haya hecho el animal tentado lo anota el ganadero en los libros de la ganadería. Esos libros contienen el historial de la explotación desde sus orígenes y en ellos queda constancia de cada res que nació, con su número, su nombre y sus antecedentes genealógicos; su trapío y su capa; las fechas del herraje y del tentadero; la de la retienta si pasó por ella; cuanto le sucedió y cómo se comportó. Y si fue lidiada, el juego que ofreció en todos los tercios, quién la dio muerte y el resultado artístico que obtuvo.

Es apasionante consultar los libros de una ganadería porque vienen a relatar una parte importante de la historia del toreo desde un punto de vista bien distinto al que se tiene como aficionado y espectador en la plaza, y además se descubre en ellos los criterios de selección que explican las características relevantes de sus toradas.

Los libros de las ganaderías desvelan si sus sucesivos propietarios conservaron un mismo criterio de selección desde sus orígenes hasta nuestros días o si experimentaron mudanzas. El primer caso se da rara vez y el segundo es muy frecuente. Un cambio de titularidad, sobre todo si es por compra de la explotación, supone no ya cambiar los criterios de la tienta sino introducir algún nuevo semental, o vacas de distinta procedencia, que modificarán el encaste; o eliminar todos los elementos reproductores para renovar la ganadería entera, a salvo sólo los títulos de identidad, que son el nombre (a veces, tampoco), la señal, la divisa y el hierro.

La señal es la que se hace en las orejas de las reses a corte de navaja. Puede adquirir múltiples formas y nombres excepto si no se practica incisión alguna y entonces se dirá orejisana. La divisa son los colores específicos de cada ganadería y se muestran en las cintas prendidas en el morrillo con que saltan los toros al redondel. El hierro se marca a fuego cuando la res ha cumplido un año.

Seleccionadas las vacas en la tienta, a su debido tiempo las echarán al semental. Suele ser por abril, que es cuando ya están pelechadas, lustrosas y contentas, y les entra el celo. Según crea conveniente el ganadero, normalmente aconsejado por el mayoral, cada cierto tipo de vacas se encierra en el bramadero con el semental que se considera adecuado, y se da tiempo al macho para que las cubra.

No todas las monta el macho pero se las dará nueva oportunidad más adelante. No todas resultan fecundadas, aunque sí la mayoría, y las que quedan horras su nueva oportunidad no las llegará hasta que se repita el proceso. Nueve meses después de la cubrición —estaríamos en los primeros del siguiente año—, vendrá el parto y nacerán los machos y las hembras, aproximadamente por mitad.

Para parir, la vaca requiere soledades y calma. Suele marcharse a algún abrigo, y lo mismo puede ser la tapia de la finca que una arboleda. Nadie deberá dejarse ver entonces, por su propia seguridad, pues en esos trances la vaca se vuelve sumamente agresiva y peligrosa.

El nacimiento es un verdadero prodigio de la naturaleza. Quien haya tenido oportunidad de verlo no habrá olvidado la maravilla de la aparición del animalito, las pezuñas por delante, y luego, protegida por los brazuelos, su cabecita de bebé. Cae desde la altura y apenas rebota en tierra cuando ya se mueve inquieto y parece que quiere embestir. Las patitas tiernas apenas sostienen al recental, que trastabilla, pierde el equilibrio, se levanta, amaga una acometida, vuelve a medir el suelo y así sucesivas veces mientras la mamá vaca lo arrulla; y en tanto lo acaricia mediante largos y suaves lametones le va entonando el tembloroso cuerpecillo con la calentita dulzura del calostro.

Una de las estampas más bonitas que pueden admirarse en una ganadería es el grupo de vacas con los recentales recién paridos a su vera. Los pequeñines alborotan por allá y corretean entre las patas gigantescas de sus madres, que los contemplan con ternura. No faltan peleas entre los recién nacidos, que en realidad son juegos, y se dan de topetazos. Pero duran poco estos trajines porque la necesidad manda y vuelven rápidos para agarrarse a las ubres y saciarse a golpe de chupetones. Los mamoncetes son tan ávidos de sustento y tan agradecidos con la mamá que se lo presta como todos los animales de la creación, humanos incluidos.

Llega la noche y la vaca se tumba para acoger en el regazo a la criatura, que se acurruca y se duerme plácidamente.

La noche trae siempre relentes, incluso hielos en los parajes altos, y unos sonidos extraños que probablemente aterran a los animalitos. En la primera noche de su vida les espantará el ulular del viento, el crujir de los ramajes, el rumor de la hierba fresca batida por la brisa. Si corren ríos o caen cascadas, el discurrir de las aguas producirá unas estridencias que siempre son sobrecogedoras en la soledad de los campos. Y habrá bramidos. En tierra de toros, oír la noche es sentir una naturaleza misteriosa que no se podrá comprender jamás.

Dentro del cortijo crepitan los leños en la lumbre, hacen tertulia delante de la gran chimenea el ganadero y sus familiares, si hay invitados se habla de toros y de lidias, se cuentan anécdotas, se relatan sucedidos y nunca falta alguna insólita historia de toros, acaso de amoríos o de venganzas.

Llegada la hora del descanso y de apagar luces, cada cual en su dormitorio se cubrirá con mantas, se envolverá en el embozo y en tanto le viene el sueño oirá el mismo ulular, iguales murmullos, y de vez en cuando el estremecedor berrido de algún toro que se inquieta en la lejanía.

Al amanecer, las madres ya están buscando pasto, las acompañan los recentales y la vacada entera va caminando lentamente en dirección al abrevadero. Sus siluetas, aún a media luz por cima de las lomas, se recortan sobre el color turquesa del alba, que ya clarea. Los sementales, en otro lugar de la dehesa, sin duda están procurando hacer también por la vida. Y los becerros, y los utreros, cada grupo en su cercado. Los vaqueros ya acuden a vigilar la manada, a echar el pienso en los comederos, y lo hacen con desenvoltura, sin riesgo aparente, pese a la proximidad del ganado.

Entre los ejemplares siempre hay alguno que permanece alerta y si además se engalla, esa es mala señal. Pero la voz del vaquero lo tranquiliza. Los vaqueros tienen una forma especial de decir, ronca y cadenciosa, que el ganado entiende. Los azacaneos de los vaqueros y la pasividad de los animales, a fin de cuentas de casta brava, dan una sorprendente sensación de familiaridad. Parece imposible que esa familiaridad se extienda a los invitados, pero puede ocurrir.

Lo que relataré a continuación lo tengo por insólito y constituye uno de los recuerdos más vivos de mis no cortas ni escasas visitas a las ganaderías de bravo.

Acudí a hacer un reportaje y el fotógrafo que me acompañaba era Fernando Botán, hace años fallecido. Me unía a Botán una cierta amistad pues habíamos sido condiscípulos en los escolapios durante nuestra edad párvula y de ahí devenía una confianza que solía manifestarse gastándonos bromas.

El ganadero nos iba mostrando la finca en un tractor. Él conducía, nosotros dos íbamos sentados en la parte trasera de un remolque de poca alzada. Desde delante, el ganadero nos explicaba en alta voz cuanto quería enseñarnos. Yo escuchaba, observaba atentamente e iba anotando datos; Botán sacaba fotos. Nos detuvimos en los comederos, bajó el ganadero y se puso a llenar de pienso los cajones ayudado por el mayoral, mientras nosotros dos seguíamos en el remolque guardando la compostura debida y sin mover ni un músculo pues los toros nos merodeaban con inquietante proximidad y no convenía llamar la atención.

Yo escribía pausadamente. Botán tiraba fotos cuidando no hacer movimientos bruscos. Y, de repente, ante mi asombro, me susurró:

—No me hagas cosquillas.

¿Cómo iba a hacerle cosquillas si tenía las manos delante ocupadas con el bolígrafo y el block de notas? Lo tomé a una de esas bromas que veníamos gastándonos, y aunque me pareció extrañísima, seguí a lo mío sin pronunciar palabra. Pero Botán insistió:

—¡Que no me hagas cosquillas, coño!

El tono no era en absoluto de broma, evidentemente, y esta vez le pregunté si se estaba volviendo majareta.

Hubo un breve silencio, fruto de una intensa reflexión. Nos miramos, comprobó Botán que no era yo quien le hacía cosquillas, nos volvimos, y se nos heló la sangre.

Era un toro el que le hacía cosquillas.

Era un toro que se había engolosinado con la paja que pendía del remolque y al hincar el morro, sin querer le hurgaba los costados con un pitón.

Llamé al ganadero.

Lo llamé y no me oyó. No me oía, ni él ni nadie, porque en realidad no me salía la voz. Abría la boca, movía frenéticamente los labios, forzaba la garganta y todo resultaba inútil pues las cuerdas vocales se habían helado también. A Botán no le salía la voz tampoco. Ambos nos habíamos quedado mudos, y con motivo, pues nos dábamos por muertos. Quiso la fortuna que por pura intuición de que algo raro sucedía el mayoral se diera la vuelta entonces, al ver la situación ronroneó «¡Regurregurregu!», y el toro, que entendía el idioma, apartó la cabeza, giró el cuello y se marchó pesadamente, pasito a paso.

Han transcurrido muchos años —más de veinte— y nunca he acabado de entender porqué no nos pegó el toro una cornada, teniéndolo tan fácil. Seguramente sería porque no le merecíamos la pena. De haber sido Joselito y Belmonte, quizá: le habría procurado cierta gloria. O, por lo menos, un buscador de espárragos, a los que tienen los toros especial inquina. Un toro ve en la finca a un hombre cogiendo espárragos y le pega una cornada en la ingle. En cambio dos periodistas con cámara y con bolígrafo no son nadie, no sirven para pasar a la historia, no valen ni el tiempo que se emplea en darles un revolcón.

Regurregurregu es palabra mágica, acaso bíblica, con poderes exorcizadores y polisémica significación. La volví a oír en otra ganadería años más tarde con distinto propósito. Fue en lo de Victorino Martín. También recorríamos la finca, esta vez en un todoterreno, cuando al llegar a una arboleda el famoso ganadero detuvo el coche en una sombra, se apeó y dijo:

—Bajarsus que ahora vamos a ver los sementales.

Echamos a andar por el llano y tras una mediana caminata se detuvo e indicó:

—Aquí es.

Miramos en torno y no se veía nada. Se lo comenté:

—Será aquí pero yo no veo ningún semental, Victorino.

Respondió:

—Calma, que ahora vienen.

Dicho esto se llevó la mano junto a la boca para hacer pantalla y gritó repetidamente la palabra mágica:

—¡Regurregurregu!, ¡regurregurregu!

Concluida la entonación del reclamo nos señaló una loma próxima en la que fijamos la atención y unos minutos después aparecían por ella los sementales. Primero se les vió la cornamenta; luego los corpachones, poco a poco, a medida que avanzaban. Y acudieron sosegadamente a nuestra presencia hasta que Victorino les ordenó «¡So!» o algo así.

Once sementales como once soles. Once sementales como once trasgos del averno —diría, más bien— se alineaban disciplinadamente delante de nosotros a una distancia mucho más corta que un tiro de piedra, y nos miraban con curiosidad.

«Nunca habíamos visto unos humanos tan pálidos; serán ingleses», mugirían entre ellos los sementales. «Ni tan pálidos ni tan temblorosos; a lo mejor les ha entrado el mal de San Vito», añadirían.

Les daríamos pena pues ninguno se arrancó. Menos mal porque no había allí barrera ni burladero; no había ni tapia que saltar, ni olivo para tomar, ni agujero donde meterse.

Entre los once sementales, diez nos contemplaban perplejos, y uno —hondo de estampa y cárdeno de capa—, permanecía reservón, medio repuchado, seguramente porque no se fiaba de nosotros. Ese era el famoso «Belador» al que por su bravura se indultó en una memorable Corrida de la Prensa celebrada en Las Ventas. Curado de los tremendos puyazos, Victorino lo dedicó a semental. La experiencia le decía a «Belador» que el hombre blanco pega duro, sobre todo si va tocado de castoreño. No lo había olvidado, era evidente. Por fortuna, ni la fotógrafa, María Jesús Polanco —que estuvo a punto de sufrir un ataque de nervios—, ni yo, llevábamos castoreño ese día. Feliz coincidencia.

A la voz, otra vez, de «¡regurregurregu!» —cantada a diferente escala—, los sementales volvieron grupas y se fueron por donde habían venido. En cuanto desaparecieron tras la loma, hice ademán de asistir a la fotógrafa por si la daba una lipotimia y la verdad es que no lo necesitaba en absoluto pues capeó la situación con enorme entereza; hasta hizo fotos, muy buenas además. En cambio yo sí necesitaba auxilio o, cuando menos, un poco de cariño. Por mucho que me esforzaba, no paraba de darle vueltas a lo que habría podido suceder si se nos amostaza un semental o si al Belador se le ocurre tomarse venganza. Seguro que nos borran del mapa a todos.

Con los toros nunca pasa nada si no se les inquieta, es la máxima ganadera. Puede ser, pero a condición de que uno no se ponga a coger espárragos. Y de que les diga:

«¡Regurregurregu!».

Los estudiosos de la ciencia taurómaca dan por cierto que los toros ya se agrupaban por ganaderías dedicadas a su explotación para la lidia en el siglo XVIII —y aún en el XVII—, si bien no han encontrado vestigios suficientes para definir las características comunes que conformaban sus castas. El siglo XVIII ya ofrece una sólida documentación y no digamos el XIX, en la que se pueden obtener secuencias completas de ganaderías, cruzas, traslados, compraventas, frecuencia con que lidiaban, juego de las reses, partido que las sacaban los toreros.

Prácticamente había toros con aptitudes para la lidia —aunque fueran muy primarias— en toda la península. Los eruditos coinciden en que los mejores eran los de Andalucía pues armonizaban trapío y bravura, poder y nobleza, con lo cual resultaban óptimos para la práctica del arte de torear.

En la segunda mitad del siglo XVIII tuvieron influencia decisiva en la formación, selección y desarrollo de estas ganaderías dos próceres andaluces: el conde de Vistahermosa y el hacendado Vicente José Vázquez. Vistahermosa poseía afición y buen ojo para los toros si bien historiadores afirman que veía por el de su vaquero Curro el Rubio, quien conocía el ganado como si lo hubiese parido. En cualquier caso, parece ser cierto que el conde compró sus reses a un ganadero de Dos Hermanas llamado Ribas, tentó la vacada, la seleccionó escrupulosamente, hizo las cruzas justas, y obtuvo un tipo de toro de excepcional calidad que se caracterizaba por su bravura constante a lo largo de toda la lidia. De pelo eran negros esos toros, cárdenos y amelocotonaos, y de hechuras, muy proporcionados. La fama de los toros condesos hizo que, tiempo adelante, los restantes ganaderos quisieran aprovecharse de sus simientes, compraron vacas y sementales, los unieron a los que ya tenían, y llegó un momento en que casi todo toro que se lidiaba en los ruedos de Iberia tenía origen Vistahermosa. En el habla coloquial de los ganaderos de principios del presente siglo se solía oír comentar cuando cotilleaban las operaciones del vecino:

—Por más vueltas que le dé al ganado acabará como todos: vistahermoseando.

Vicente José Vázquez compró lo mejor que había en su comarca, que era la de Utrera; ejemplares del conde de Vistahermosa también, y formó otra ganadería señera, que alcanzó gran raigambre en su época y honda proyección en las siguientes. Sus toros resultaban más fieros que los de Vistahermosa, con cierta aspereza que dificultaba el lucimiento —al decir de algunos eruditos— y éste hubo de ser el motivo de que soslayaran utilizar su simiente muchos ganaderos cuya aspiración era criar unos animales que se disputara la torería.

A la muerte de Vázquez, mediado el siglo XIX, sus herederos vendieron gran parte de la ganadería al rey Fernando VII, que tenía otra propia en Aranjuez, de muy asolerados orígenes, pues ya lidiaba reses en la anterior centuria, reinando su entonces propietario, Felipe IV. Con esta adquisición la torada vazqueña mudó de asentamiento, y de Sevilla pasó a Aranjuez, a donde fueron trasladados —dicen los documentados registros— 35 cuatreños, 500 vacas y 100 erales. Años más tarde, esta ganadería pasó a ser del duque de Veragua y adquirió máximo prestigio tanto por su bravura como por la hermosura de su estampa cuajada, que embellecían las variadas pintas de su capa, con predominio de los pelajes negros, cárdenos, ensabanaos, berrendos y coloraos.

Los toros del norte ya albergaban distinta condición aunque pronto se cruzaron con los andaluces y fueron perdiendo la singularidad que los caracterizaba. Los toros de Jijona, en la provincia de Ciudad Real, constituyeron casta famosa, dieron carácter a las ganaderías colmenareñas, con las que los cruzaron, y hasta tal punto adquirieron preponderancia, que sus pelajes coloraos prestaron el nombre jijón a la generalidad de las reses que lucían este color.

Los toros castellanos, aseguran los cronistas de la época, eran más grandes y aparatosos que los andaluces, muy resistentes y duros de pezuña por criarse en zonas frías y en terrenos abruptos, ásperos en las embestidas y de bravura no garantizada pues propendían a mansear y volverse reservones tras la pelea del primer tercio.

Extremadura, Salamanca y el centro de Castilla, sin embargo, se hicieron tierra de toros, con ganaderías de excelente condición, gracias a la labor de sus propietarios, que mejoraron los encastes mediante las oportunas cruzas, y ya arrumbando el siglo XX consiguieron asentar unas explotaciones de características definidas y sobrada calidad para competir sin desdoro con las divisas andaluzas.

La casta Navarra es uno de esos tesoros que los aficionados a la fiesta lamentan se haya perdido definitivamente, por lo menos en el territorio español. Cuentan de sus toros que eran chicos pero bravísimos. Los toreros no los querían porque mientras la escasa presencia de los animales desmerecía su tarea, las dificultades que presentaban exigían gran esfuerzo, lidia laboriosa, valor a toda prueba. La codicia de los toros navarros, incansables en sus recrecidas embestidas, a veces resultaba indómita.

La marginación de los toros navarros por parte de los profesionales taurinos produjo su desaparición en España, pero no en México, a donde se exportó este ganado y allí refrescó la sangre de importantes ganaderías. Diestros de las décadas de los años treinta y de los cuarenta que torearon corridas de esas ganaderías comentaron que conservaban puros los rasgos esenciales de la casta Navarra. Y cronistas mexicanos actuales aseguran que estas características aún pueden apreciarse en muchas reses de ese país.

Se oye decir en el tiempo presente que las ganaderías españolas han perdido casta. De responder a la realidad sería gravísima cuestión, con responsabilidades concretas, pues la carga de la culpa correspondería a los ganaderos. El proceso habría seguido, en tal caso, un sentido inverso al largo camino que va desde las castas originarias al toro paradigmático de las primeras décadas del actual siglo. Del toro fiero, embastecido y asilvestrado que provocaba azarosos trances en los rudimentarios orígenes del toreo, se pasó al toro proporcionado, bravo y boyante, idóneo para la lidia. Ahora, al parecer, el toro no tiene embestida, o la tiene muy remisa. Y, además, claudica en cuanto se le obliga a humillar, padece una misteriosa invalidez.

A la especie de que las ganaderías españolas han perdido casta se añade la de que los toros salen a la plaza con un peso excesivo. Salta a la arena un toro con más de quinientos kilos, se cae un par de minutos después de haber correteado por ella, y la mayoría de los taurinos, ganaderos incluidos, lo atribuyen a su excesivo peso.

Otro argumento se suma a las erráticas explicaciones de las caídas de los toros: que les falta gimnasia funcional. Un toro haciendo gimnasia es cosa nunca vista. Los eruditos que nos explican cómo formaron sus encastes los ganaderos históricos no han dejado testimonio alguno de toros haciendo gimnasia.

Hay ganaderos que para corregir esta carencia de gimnasia funcional, meses antes de que se lidien sus toros los obligan a galopar por la dehesa con el sano objeto de ponerlos en forma.

Durante muchos años los toros no se caían en las corridas de la famosa Feria de San Fermín, de Pamplona, y los taurinos lo atribuían a que habían hecho gimnasia funcional por la mañana corriendo el encierro.

Ninguna de estas afirmaciones se apoya en bases sólidas y un servidor las discute. Un servidor opina que constituyen una peripecia argumental carente de sustancia y cercana al absurdo.

Un servidor mantiene cierta sensación barruntativa: quizá las ganaderías no han perdido casta. Se infiere del propio comportamiento del toro. Se cae el toro, es verdad; se cae frecuentemente nada más saltar al redondel. Y, sin embargo, en la prueba de varas se recrece al castigo. Si el toro no tuviese casta, al sentir el hierro brincaría espantado, correría despavorido y se tiraría de cabeza al callejón. La evolución histórica de las ganaderías demuestra que la verdadera y acaso única manera de calibrar la bravura es observando las reacciones del toro en la prueba de varas; y el actual la suele superar con creces.

El peso de los toros no puede ser determinante de su caída. Los toros, desde sus orígenes hasta la Guerra Civil, pesaban mucho más que los contemporáneos, y no se caían. El actual peso mínimo reglamentario de los toros está fijado en 460 kilos. El reglamento taurino de 1923, vigente hasta la Guerra Civil, fijaba el peso mínimo de los toros en 545 kilos para el período que va de octubre a marzo, y en 575 kilos para los seis meses restantes.

Con 575 kilos de peso mínimo y frecuentemente con más de seiscientos, los toros soportaban enterizos los tercios, recibían numerosos puyazos en los que el picador les hundía la vara hasta las cuerdas, derribaban con estrépito y hasta mataban algún caballo, se iban arriba en banderillas, llegado el tercio de muerte los diestros habían de castigarlos por bajo y trastearlos duramente sobre las piernas para domeñar su fiera embestida. Y no se caían. Con 575 kilos de peso y aún muchos más, no se caían.

La Guerra Civil española trastocó muchas ganaderías. Parte de ellas quedaron abandonadas a su suerte; parte se las comieron, literalmente, la soldadesca y la población hambrienta. Terminada la guerra no había reses suficientes con el trapío adecuado para surtir la demanda de los muchos festejos que volvían a celebrarse con normalidad en todo el país y la autoridad toleró, con carácter temporal, una rebaja en la edad y en el peso de las reses. Toros tan chicos no se habían visto jamás en las corridas de toros a lo largo de su historia. Y tampoco se caían.

No hacían gimnasia. Los toros se siguieron criando en las ganaderías como en toda la vida de Dios: iban a su aire. Comer, beber, sestear, pegarle una cornada en la ingle a un esparraguero: esa era su ocupación.

Un toro haciendo gimnasia debe de ser divertidísimo. Un toro haciendo gimnasia quisiera ver un servidor, mejor si es *aerobic*.

Un ganadero serrano de noble cuna al que visité en cierta ocasión estaba empeñado en convencerme de que los toros se caen porque no hacen gimnasia. Le replicaba recordándole aquellos toros que se criaban relajados, en climas cálidos, sobre extensas llanuras alfombradas de pastizal y no se caían jamás. Pero era en vano. El ganadero porfiaba en su defensa de la gimnasia funcional durante el desayuno con que nos regalábamos en el cortijo, al amor de la lumbre.

Salimos a media mañana a recorrer la finca y pasaba de mediodía cuando descubrió que faltaba un toro. Cundió la alarma. Los vaqueros otearon el horizonte, concertaron con el patrón una descubierta, se hizo a pie, a caballo y en coche, y al cabo de varias incursiones por trochas, riscos y veredas alguien descubrió al toro, que pacía tranquilamente en una vaguada lejana. Cabalgaron allá los vaqueros y lo trajeron pegando voces.

Habíamos estado contemplando toda la operación sentados en un coche y el ganadero se lamentaba:

—También es mala suerte; irse a escapar uno de los toros de mejor nota, que tenía reservado para Madrid. A ver cómo le afecta al pobre esta caminata. Los toros están acostumbrados a la tranquilidad del campo y no se les pueden dar esas palizas.

Yo me estaba fumando muy a gusto un caliqueño y, al oírle, me dio la tos.

La famosa Feria de San Fermín se llama también Feria del Toro y era verdad. La organiza la pamplonesa Casa de Misericordia, a beneficio de sus fines humanitarios, y cuenta con una comisión taurina formada por excelentes aficionados expertos en la materia. Durante muchos años se lidiaban en el abono pamplonés toros encastados y embestidores de un trapío irreprochable. Mientras en la mayoría de las restantes plazas los toros salían aquejados de penosa invalidez, en la de Pamplona no se caía ninguno. Taurinos de los distintos estamentos de la fiesta —empresarios, toreros, apoderados, ganaderos, aficionados también— explicaban técnicamente la razón:

—Los toros no se caen en Pamplona por el encierro de la mañana. Corren desde los corralillos del Gas hasta la plaza, y les sirve de gimnasia funcional. En una palabra: cuando salen al ruedo, están en forma.

Los dos últimos años (esta historia, humana al fin, se escribe en un momento determinado: corren los últimos días de 1997) la mayoría de los toros que se lidiaron en el ruedo pamplonés estaban inválidos. Quiere decirse que se caían, como en todas partes. Taurinos de los distintos estamentos de la fiesta —empresarios, toreros, apoderados, aficionados también— coincidían en su veredicto técnico:

—Los toros se caen en Pamplona por culpa del encierro mañanero. No están acostumbrados a que les peguen semejantes carreras, rodeados además de un enorme gentío, y les entra el estrés.

Cuando oí esta explicación por primera vez no me estaba fumando un caliqueño ni nada, pero también me dio la tos.

El estrés es un nuevo argumento incorporado al problema de la caída de los toros. Dicen los taurinos que se caen por el estrés que les producen los cruentos lances de la lidia. A lo mejor pretenden dar a entender que a los toros de toda la historia de la fiesta, desde sus orígenes hasta hace una década, en vez de pegarlos puyazos les hacían mimos.

Los toros —sostiene un servidor— no se caen por falta de casta, ni porque necesiten gimnasia funcional, ni porque les entre el estrés. Se caen de caerse.

Dijo, hace ya muchos años, un legendario ganadero salmantino:

—Si a los toreros no les interesara que se cayesen los toros, no se caería ninguno.

Las faenas camperas son muy especializadas. No es que sus artífices hayan de estudiar latín, tampoco matemáticas ni superar unas oposiciones, pero a cambio poseen una técnica altamente experimentada que, obviamente, no se aprende en los libros. El día menos pensado, los vaqueros y los zagales de las dehesas exigirán al patrón plus por trabajo especializado y entonces será ella.

Herrar los toros no es asunto baladí, ni tarea de poca monta conducirlos donde haga falta.

La conducción de los toros requiere la intervención de cabestros, aunque no siempre. La parada de cabestros es otro cuerpo auxiliar de las ganaderías altamente especializado. Hay cabestrajes que gozan de gran prestigio en todo el ámbito ganadero. Los cabestros con pelajes berrendo en colorao de Samuel Flores gozaban fama. Los de Miura, también.

Un ganadero que posea buena parada de cabestros puede sentirse orgulloso del esmero con que lleva su ganadería. La parada es fundamental para el correcto ir y venir de los toros, lo mismo si se trata de un solo ejemplar que de una camada entera. Los cabestros, puestos en faena, tienen su posición, que podríamos llamar orden de combate. Abre paso el de punta, hay dos que se denominan de estribo pues caminan a la altura de los que lleva el caballo, cierran de zaga otros dos, quizás uno, según la técnica cabestrera que se utilice en la ganadería.

Hombres a pie —altamente especializados en su oficio, se insiste— también sirven para conducir el ganado y acompañan a los cabestros. La experiencia dicta que lo hagan sosegadamente. A paso normal es lo adecuado. Y de esta guisa propiciarán que los cabestros avancen relajados, que no se asusten, alboroten y salgan de estampía, contagiando a los toros y produciendo un caos.

Hay hombres de campo que saben hacer perfectamente de cabestro; incluso mejor, según algunos analistas. En la visita que hice a una ganadería albacetense comprobé con asombro, no exento de admiración, que uno de los hijos del ganadero hacía de cabestro con todos los pronunciamientos y sin faltar detalle. En realidad debía de asumir aquel día una suplencia pues no vi cabestro alguno en toda la explotación ganadera.

Se trataba de encerrar un buen número de vacas y de erales, más cuatro toros, y lo consiguió él solito en un espacio de tiempo realmente corto y con irreprochable eficiencia. Utilizó los recursos que estaban a su alcance y que se reducían a la voz, a los brazos y a las piernas. De manera que gritando el «je», y el «juy», y el «juruy», y el «amoninó» y el «jiamó-jiamó», las reses atendían el alerta y quedaban enteradas. Luego braceaba sin que por ello dejara de gritar órdenes y consignas —«jatuoró», «julijoló», «jujijijó»—, y pues convenía a su estrategia, apretaba a correr. Corría más que las vacas, que los erales y que los cuatro toros, con unos pies que para sí quisiera el mejor de los cabestros.

Cuando terminó, enrojecido y empapado en sudor, estuve a punto de darle un efusivo abrazo, de la misma emoción. Pero me contuve y le dije:

—Estarás roto.

Respondió:

—No, ¿por qué?

—Chico, no sé... A mi, sólo de verte, se me ha quedado la boca seca.

—Eso tiene remedio.

Dijo, y salió corriendo, entró en la casa, volvió a salir raudo, trajo un par de botellines de cerveza y el que tomó, lo engulló de un trago.

Ese joven era un fenómeno de la Naturaleza. Para las Olimpíadas no habría tenido precio.

No sólo se trata de conducir el ganado sino de evitar que sufra accidentes.

Las peleas de los toros pueden ser un problema; otro, que ellos mismos se lastimen y rompan los cuernos si derrotan sobre objetos duros. Hay toros que se rascan en los árboles, y sostienen determinados ganaderos que con el roce se merman los pitones, y les quedan unas marcas equívocas, como si alguien los hubiese «afeitado». Pero no es cierta aquella afirmación ganadera. Los pitones poseen una dureza diamantina y para que se gasten con el roce, el toro habría de estar rascándolo un año entero sin parar. Seguramente más.

Por tierras de Trigueros andábamos recorriendo la ganadería de Celestino Cuadri, que es en la actualidad —año 1997— una de las mejores. Los toros de Cuadri son de los pocos que conservan una personalidad definida. Uno ve un toro de Cuadri y no hace falta que nadie le dé pistas para saber que es de Cuadri. Les pasa lo que a los Borbones históricos, y su descendencia, que llevaban en los rasgos de la cara el sello de su casta. Las portilleras de los campos de El Pardo tenían en sus casas unos cuantos.

Los negros toros de Cuadri no es que sean bonitos. Se trata de una modesta opinión, naturalmente. Más bonitos que los toros de Cuadri se ven muchos en las ganaderías. Sin embargo son toros con una personalidad definida, serios, hondos y enmorrillados. Y, además, poseen una casta brava indiscutible, lo que revela la afición y la honestidad con que el ganadero hace la tienta y selecciona tanto los reproductores como sus crías.

Uno opina que en el trapío y en la capa de los toros hay muestras suficientes para advertir su encaste y hará bien el ganadero si trabaja sobre estos fundamentos. Aquellos toros que conservan en su configuración anatómica y en su pelaje rasgos de las castas originales es que las llevaban en su sangre y ellos o sus ascendientes deberían emplearse de reproductores. Los antiguos Concha y Sierra, hoy en otras manos, siguen luciendo curiosas y luminosas capas; los Cobaleda, que llaman «patas blancas», también. Dicho sea a título de ejemplo.

Los patas blancas los compró Victorino Martín, quizás el mejor de los ganaderos de este último medio siglo, y ahora trabaja en el cuidado y selección de su nueva ganadería. Los toros propios de Victorino Martín, llamados sencillamente «los victorinos», poseen asimismo una personalidad definida y se distinguen a la legua.

Es el caso de los Miura, ganadería legendaria —la más famosa de toda la historia de la fiesta—, y cualquiera de sus ejemplares lleva en sí mismo el sello de la casa. No siempre, sin embargo. Hay ciertas corridas de Miura que no parecen miuras.

Saltan a la arena esos miuras y carecen de personalidad. Lo cual hace pensar que el ganadero emplea más de un criterio de selección.

Los toros de la casta Santa Coloma, una de las más preciadas entre cuantas subsisten, son asimismo inconfundibles, y su simiente ha servido para la formación y mejora de numerosas ganaderías. La de los herederos de Hernández Plá es una de las verdaderamente selectas en cuanto a casta y trapío, y un servidor no tiene inconveniente alguno en manifestar que se encuentra entre sus favoritas. Allá por la década de los años ochenta lidió en Las Ventas un toro llamado «Capitán» —negro de capa y terciado de presencia, por cierto— que por su inagotable bravura fue la sensación. Acaso ese toro «Capitán» y el novillo «Horquillero», de la ganadería de Isaías y Tulio Vázquez, lidiado en Madrid en los años cincuenta, hayan sido los más bravos que este cronista haya visto en toda su vida de aficionado, que ya va larga e intensa.

La visita a la ganadería de Cuadri en los campos onubenses de Trigueros era profesional, con el propósito de hacer un reportaje —que, efectivamente, se publicó pocos días después en *El País*—, y el ganadero tuvo la amabilidad y la paciencia de enseñarnos una a una, todas las corridas del año. Fernando Cuadri iba a caballo, con el mayoral, por dentro de los cercados, y por fuera íbamos el fotógrafo y yo en una camioneta, que conducía el hermano del ganadero.

Cada corrida se encontraba en distinto cercado y los de a caballo trotaban en busca de los toros, que a veces se encontraban en frondas lejanas, o los reunían si andaban desperdigados. Con pocas voces y escasos movimientos cumplían su propósito y los toros acudían, obedientes, a nuestra proximidad, donde paraban y seguían pastando, o ramoneando, u olisqueando por allí, ajenos a nuestra presencia. Cuando ya los habíamos contemplado a plena satisfacción, los caballistas daban un par de voces y unos cuantos braceos, y los toros se alejaban con tanto sosiego como habían venido.

Al llegar al cuarto o quinto cercado —que albergaba a la cuarta o quinta corrida lista para lidiar ese año— se produjo un incidente muy significativo. Fernando Cuadri y su mayoral cabalgaron en dirección al fondo de la finca, donde se habían ido los toros y al cabo de un rato volvieron trayéndolos con las mismas sencillas operaciones que las veces anteriores e igual sosiego.

Una tapia separaba el cercado del camino y, naturalmente, el fotógrafo, el hermano del ganadero y yo nos encontrábamos pegados a ella en el lado de acá, que era el seguro. La tapia no se crea que estaba hecha de cualquier forma. Se trataba de una tapia sólida construida con ladrillo y cemento.

Llegaron el ganadero y el mayoral con los toros y estos se pusieron a deambular pacíficamente por las cercanías de la tapia. No todos, pues uno se quedó rezagado, a la distancia; y aunque lo vocearon, lo bracearon y lo rodearon a caballo, no se quiso acercar y lo dejaron por imposible. Vistos los toros, le dijimos al ganadero que por nosotros valía, y los azuzó para que se marcharan, lo que así hicieron. Pero apenas se habían alejado un trecho, el rezagado se engalló, emprendió un galope tendido hacia donde nos encontrábamos y brincó con el evidente propósito de alcanzar el camino. El susto que nos dio fue tremendo y nos apresuramos a refugiarnos tras el coche. Allí permanecimos los tres, acurrucados, en tanto oíamos los furiosos derrotes del toro contra la tapia. Le pregunté al ganadero:

—¿Nos metemos en el coche?

Respondió:

—No, calla. Silencio y que no nos vea.

Los tres hechos una piña, escondidos y hiertos, aguardamos a que pasara el peligro durante unos minutos que nos parecieron eternos, en tanto oíamos el rebullir y el vocear del ganadero y el mayoral para alejar a la res enfurecida. Lo consiguieron a poco y nos avisaron que podíamos salir. Volvimos al lugar del suceso y nos quedamos de una pieza: el toro había destruido a cornadas parte de la tapia y el boquete era de tal tamaño que fácilmente habría podido franquearlo.

—¿Se ha roto los cuernos? —preguntamos al ganadero.

—No —respondió—. Están intactos.

Observamos atentamente las astas de aquel toro. Por supuesto que se las habría podido partir en sus derrotes contra la tapia, pero hubo suerte de que no fuera así, y además no se advertía ni merma ni huella alguna en los pitones, de dureza diamantina.

Cuando ciertos ganaderos justifican la sospecha de afeitado de los toros que salen al ruedo mermados de cornamenta y romos de pitón, aduciendo que se rascan en los árboles, en las piedras y en la tierra, a uno siempre le ha dado la impresión de que esas son peregrinas excusas. Tras el incidente en la ganadería de Cuadri, le parecen historias para no dormir.

Aquellos toros que permanecían en los cercados eran los toros del año, agrupados de seis en seis, para las distintas corridas que el ganadero tenía contratadas. La que, meses después, se lidió en Madrid, resultó excelente.

Aún estábamos en invierno pero en los campos onubenses ya irrumpía la primavera, los tupía una alfombra de hierba fresca, lucía un sol espléndido.

El cuidado de los toros meses antes de su lidia es importante. Se los somete a lo que podría llamarse puesta a punto variando y vigilando su alimentación, procurando que estén tranquilos. Aquella gimnasia funcional que defienden algunos ganaderos y dicen que a los toros les va bien, opina un servidor (desde la modestia) que es contraproducente. Otros ganaderos sostienen lo mismo.

Cierto que las caminatas convienen al juego que deben dar en la lidia, llegado el día. Se suelen disponer los comederos de tal forma que los toros hayan de andar largo trecho para dar cuenta de ellos y también para beber luego. En cambio provocarlos para que galopen —lo que, en definitiva, supone alterarlos y asustarlos— ya es distinta cuestión.

El toro bravo, en el fondo, se diferencia muy poco de los animales que conviven con la Naturaleza. La psicología del toro bravo —dicho sea con perdón— no ha de ser muy distinta de los restantes animales salvajes. Un servidor, que ha viajado por esos mundos, tuvo oportunidad de contemplar los comportamientos de los animales salvajes en la sabana africana. Ninguno corría.

Los leones, por ejemplo, se pasaban el día tumbados al sol y todo lo más retozaban por sobre la floresta. A veces se levantaba uno, se estiraba cuan largo era rasguñando la tierra, se daba un paseito higiénico y se tumbaba en otro lugar, que encontraba más muelle o más templado. Otras veces el paseante volvía al grupo familiar y retozaba con su pareja y con los cachorrillos.

Cierto que si había necesidad se ponía alerta olisqueando el ambiente con todo el cuerpo en tensión. Hondo olfato, vista larga y fiereza indomable caracterizan a los animales salvajes, entre los que el león es paradigma. En cuanto avista a la presa, se lanza a ella como el rayo. Y no necesita gimnasia funcional previa de ningún tipo para darla alcance y entrarla a degüello.

La casta del toro y su salud son suficientes para que tenga en el ruedo el comportamiento y la resistencia física que son necesarios para la lidia.

Llegada la proximidad de la fecha en que van a ser lidiados, los toros deben salir del cercado y ser conducidos al embarcadero. Ahí viene bien el concurso de los cabestros. Antiguamente la conducción a la plaza se hacía campo a través, con amparo de vaqueros, y ésta era una especie de operación militar, que a veces duraba semanas enteras. Modernamente los toros se transportan a la plaza en cajones individuales que se llevan en camión. Afirman los historiadores que el primer toro que viajó en cajón, allá a finales del pasado siglo, fue a Barcelona.

Las ganaderías tienen embarcadero dispuesto inteligentemente con una serie de corraletas, pasillos y rampa a cuyo final se sitúa el cajón, en el que entra el toro y se le encierra accionando puertas de guillotina. Al llegar a la plaza se le desembarcará mediante similar procedimiento y entrará en los corrales, donde permanecerá, con amparo de cabestros, hasta que llegue el momento del reconocimiento veterinario, sorteo y enchiqueramiento. Enchiquerado el toro —lo que, según tradición, se produce a las 12 del día de la corrida— allí aguardará hasta el toque de clarín que anuncia la apertura del portón del toril y su salida a la arena. En la oscuridad le prenderán en el morrillo la divisa. El escozor del arpón, la luz cegadora que se presenta ante sus ojos al abrir el portón y el vocerío de la multitud que le llega de fuera excitarán su fiereza. Y saltará al redondel al galope, engallado y pidiendo pelea.

Conducidos los toros en cajones se desembarcan en la plaza de toros.

Hay cientos de plazas de toros en España, la mayoría de ellas incomodísimas y no pocas por alguna de sus partes, si no es el todo, están próximas a amenazar ruina. Se debe a que son antiquísimas, y por imperdonable descuido de sus propietarios, no siempre se ha invertido el dinero preciso para hacer las necesarias obras de mantenimiento o reforma.

Muchos cosos taurinos son de propiedad pública o institucional, como diputaciones, ayuntamientos y entidades benéficas. Su política inversora era importante y debe subrayarse. Los políticos tenían en cuenta la afición de los ciudadanos a la fiesta y para complacerlos debían construir plazas. Como por otra parte eran responsables de unas atenciones asistenciales que debían sufragar y el dinero resultaba escaso, los ingresos por taquilla que producían las corridas de toros los reinvertían, parte para amortizar los costes de construcción del edificio, parte para su mantenimiento, el resto para sufragar aquellas necesidades asistenciales.

Muchas actividades humanitarias se costearon con los beneficios de las corridas de toros, como las Casas de Misericordia, entre las cuales es ejemplo la de Pamplona que, magníficamente administrada, continúa hoy dando cobijo y atención sanitaria a los ancianitos de la ciudad con los rendimientos de los sanfermines. Numerosos hospitales pudieron funcionar también gracias a los taquillajes que producían los espectáculos taurinos y puede asimismo servir de ejemplo el provincial de Madrid, que dio pie a la tradicional Corrida de Beneficencia, la más famosa del mundo. Las maestranzas de caballería se nutrían de los ingresos que les venían de las plazas de su propiedad y han alcanzado un singular carácter, por su antigüedad y por su desarrollo, las de Sevilla y Ronda.

En los primitivos tiempos del toreo las plazas eran desmontables, hechas de madera, y se reputan las más antiguas la Real Maestranza sevillana, de finales del siglo XVII, que se levantaba junto al Guadalquivir, en el paraje llamado el Arenal y la Resolana. La sustituyeron otras en pocos años y en 1761 empezó a construirse la actual, conocida por la Maestranza, sin necesidad de otros sobrenombres o calificativos, verdadero templo del toreo. La remota plaza de toros de Madrid se construyó de madera naturalmente, extramuros, cerca de la Puerta de Alcalá, allí mismo siguió otra ya de fábrica y tiempo andando hubo sucesivas plazas, entre las que tuvo máxima categoría la ahora llamada Plaza Vieja. La sustituyó en 1935 la Monumental, erigida en la barriada de Las Ventas del Espíritu Santo, y es la que sigue en servicio. Muchos aficionados califican de «primera plaza del mundo» a la Monumental de Las Ventas y se la considera auténtica cátedra del toreo. La Real Maestranza de Ronda —acaso la más bella de todas— se construyó en 1758 y siguieron otras como las de Zaragoza y Aranjuez, aún en el siglo XVIII, y las de Valencia, Cádiz y Puerto de Santa María en el siglo XIX.

He aquí algunas de las plazas que por importancia, singularidad o significación histórica deben aparecer:

ALBACETE.

Tuvo plaza en 1828 que permaneció en funcionamiento hasta 1917, año en que se construyó la actual con capacidad para doce mil espectadores. Celebra importante feria en septiembre y algunas corridas sueltas.

ALICANTE.

Construida en 1847, es cómoda y capaz y cuenta con un aforo superior a los quince mil espectadores. Celebra feria importante en junio y varias corridas sueltas.

ALMERÍA.

Tiene plaza desde 1888 y su capacidad es para cerca de diez mil espectadores. Celebra feria importante a finales de agosto.

ARANJUEZ.

Construida por el Real Patrimonio en 1796, es bellísima, con fuerte sabor goyesco, aunque tremendamente incómoda. Con motivo de su bicentenario se han hecho obras de consolidación y mejora.

BADAJOZ.

Plaza centenaria con capacidad para unos ocho mil espectadores, celebra interesantes corridas en diversas fechas del año, independientemente de su feria.

BARCELONA.

Es una de las ciudades más taurinas de España y cuenta con plaza Monumental, una de las tres que hay en el mundo (las otras son la de Madrid y la de México DF). Tuvo plaza en la Barceloneta, la sucedió el año 1900 la de las Arenas, construida en la plaza de España, y continúa en buen estado aunque cerrada. La Monumental se inauguró en 1914 y se han hecho en ella diversas obras de mejora. Afora unos veinte mil espectadores.

BILBAO.

Su actual plaza de toros quizá sea la más cómoda de las existentes. Cuenta con unos graderíos de amplios asientos y perfecta visibilidad desde todas las localidades. Sucedió en la década de los años sesenta a la vieja plaza, que databa del siglo XIX y que resultó seriamente afectada por un incendio. Celebra feria importante en agosto, con el nombre de Corridas Generales.

BURGOS.

Ciudad de solera taurina, cuenta con plaza de toros desde 1860 y celebra interesante feria en el mes de junio.

CÁCERES.

La plaza de toros data de 1846 y se mantiene en la ciudad una importante afición que permite celebrar festejos aislados durante el año, independientemente de su feria tradicional. Como sucede con otros cosos de Extremadura, acuden numerosos aficionados portugueses.

COLMENAR VIEJO.

Esta población madrileña cuenta con una de las aficiones más solventes de todo el país, sin duda influida por la honda tradición ganadera de la comarca. La feria, que se celebra a finales de agosto y principios de septiembre, en plaza de novísima construcción suele tener un marcado carácter torista, en el sentido de que el público exige toros con seriedad y trapío.

CUENCA.

Tiene plaza desde mediados del siglo XIX y la actual data de 1926. Celebra feria tradicional.

GRANADA.

Es una de las plazas con mayor raigambre taurina. La que se construyó a principios del pasado siglo, de intenso historial, resultó seriamente afectada primero por un incendio, luego por un ciclón que derribó su parte alta. En 1928 se inauguró el nuevo coso.

GUADALAJARA.

Tuvo plaza ya en 1850 y en la actual se celebra feria, de buenos carteles aunque de corta duración, en el mes de septiembre.

HUELVA.

Celebra feria interesante en el mes de agosto si bien no tanto como debería presumirse de su enclave en tierra de toros, con importantes ganaderías.

HUESCA.

Plaza antigua, celebra pocos festejos, casi todos dentro de una feria de corta duración.

JAÉN.

Su feria es importante entre otras razones porque, celebrándose mediado octubre, es la última de la temporada. Tiene plaza de toros desde 1847.

JEREZ DE LA FRONTERA.

Es una de las plazas clave del sur y fue famosa su corrida concurso de ganaderías. La llamada Feria del Caballo también ha adquirido aquí especial raigambre. Tiene plaza desde 1839.

LOGROÑO.

Su antigua plaza de toros data de 1862 y fue sustituida por otra en 1915. Su feria de septiembre, con larga serie de festejos, es una de las importantes de la temporada.

MADRID.

La más antigua de las plazas de toros de la capital de España la construyó Felipe IV cerca del Palacio del Buen Retiro. Siguieron varias y tuvo intensa actividad la hoy llamada Vieja Plaza de Toros de Madrid, que era la de la carretera de Aragón. En ella se dieron festejos de gran importancia, fue escenario de la mejor época del toreo, y su temporada y su abono constituyeron los más importantes hitos de la fiesta en todos los tiempos. Aficionados que conocieron la plaza y toreros de la época me comentaron que por sus proporciones y por la distribución de sus dependencias no hubo otra mejor. Se construyó en su sustitución la Monumental de Las Ventas, en la que se dio una corrida benéfica el año 1931 aunque no funcionó con regularidad hasta el año 1935. Construida según los criterios de José Gómez Ortega «Gallito», también llamado «Joselito» —o Joselito El Gallo—, tiene una espléndida distribución en dependencias y servicios, con atención preferente a las necesidades de la lidia, y los aficionados de la época aseguraban que era muy espaciosa y cómoda. Debían de ser entonces más delgados y bajitos —efectivamente, en estos últimos sesenta años han aumentado mucho las tallas de la ciudadanía— porque en la actualidad se queja la gente de incomodidad por la angostura de los asientos. Celebra la Feria de San Isidro en mayo, que dura casi un mes; la Feria de Otoño a finales de septiembre y primeros de octubre; la miniferia de la Comunidad a finales de abril y primeros de mayo, y festejos todos los domingos y festivos entre marzo y octubre, ambos inclusive. En el transcurso de la temporada se vienen a dar en el coso venteño unas ochenta corridas de toros y novilladas.

MÁLAGA.

De larga tradición taurina —su primera plaza, de madera, data del siglo XVIII— celebra importante feria en el mes de agosto y está considerada una de las clásicas de la temporada.

MURCIA.

Tiene plaza de toros desde 1886 y celebra feria interesante en el mes de septiembre.

PALENCIA.

Es una de las plazas españolas con más asolerada afición y tenía coso ya a principios del pasado siglo. Su feria atrae a numerosos aficionados de toda la comarca.

PALMA DE MALLORCA.

En 1856 ya tenía plaza de toros y en el transcurso de los años ha seguido vicisitudes muy notables, con algunos años en que apenas celebraba festejos. Últimamente parece haber experimentado cierta recuperación en este sentido.

PAMPLONA.

Pese a existir gran afición y encontrarse en tierra de toros, que algunos historiadores consideran cuna de la fiesta, esta ciudad no tuvo plaza de fábrica hasta bien entrado el siglo XIX. El coso actual es cómodo y amplio, con un aforo cercano a las dieciocho mil localidades, que se agotan los días de feria. La Feria de San Fermín, con su complemento del encierro de la mañana, es una de las más importantes y famosas del concierto taurino mundial.

PUERTO DE SANTA MARÍA.

«Toros en el Puerto» es lema famoso en el anuncio de los carteles de este coso gaditano. Cargado de historia, los anales taurinos de El Puerto de Santa María se remontan a principios del siglo XVIII. El actual coso data de 1880, es amplio, con uno de los ruedos de mayor diámetro, y afora unos quince mil espectadores. Sus más importantes corridas se dan en los meses de julio y agosto.

RONDA.

La histórica plaza de la Real Maestranza de Caballería se inauguró en 1785 y ha conservado, como ejemplo de edificio bello e histórico, la nobleza de sus formas arquitectónicas. Es tradicional la Corrida Goyesca, que se celebra cada año en el mes de septiembre y participan en ella, vestidas a lo goyesco, las más importantes figuras del toreo.

SALAMANCA.

La feria salmantina, que tiene lugar en septiembre, es otra de las señeras en el calendario de la temporada española. Hubo ya toros en la Plaza Mayor de esta ciudad hasta que se construyó su primer coso el año 1865. Mal conservado e insuficiente para el crecimiento de la población, en 1892 fue sustituido por otro de muy torera configuración.

SANTANDER.

Mediado el siglo XIX ya tenía plaza de toros, luego su tradición taurina es antiquísima, y sin embargo durante muchos años no mantuvo un nivel de afición suficiente como para celebrar festejos con cierta continuidad y contar en el concierto taurino nacional. En la última década se ha ido recuperando la afición, gracias al apoyo institucional, y celebra en el mes de agosto una feria que parece tener muy buena proyección.

SEGOVIA.

Cuenta con plaza de toros capaz, bien acondicionada, que celebra una feria corta y diversos festejos a lo largo de la temporada.

SEVILLA.

La Maestranza es una de las plazas más proporcionadas, bonitas y encantadoras del mundo taurino. Da diversos festejos, especialmente novilladas, durante la temporada, pero su fuerte es la Feria de Abril, que dura dos semanas o más, y se monta con excelentes carteles de toros y toreros. La feria sevillana y la de San Isidro constituyen la cumbre de la temporada taurina. Se celebra también en la Maestranza la Feria de San Miguel, en septiembre, que actualmente ha quedado reducida a dos o tres festejos. La plaza de toros del Arenal, de la que antes se hizo mención, antecesora de la actual Maestranza, fue de las primeras que hubo en España. Contó también Sevilla, en la segunda década del actual siglo, con una plaza Monumental, que —como la de Madrid— se construyó siguiendo las directrices de Joselito y por su iniciativa, pero estuvo muy poco tiempo en funcionamiento pues nunca pudo resistir la competencia de la Maestranza, que fue siempre la favorita de los aficionados.

TALAVERA DE LA REINA.

Celebra una corta feria en septiembre, con buenos carteles y también da toros en mayo, pero su fama le viene de una triste efemérides: el 16 de mayo de 1920, en el ruedo talaverano sufrió la cornada mortal Joselito, quizás el torero más completo de todos los tiempos.

TARRAGONA.

Posee una excelente plaza de toros, de notable capacidad, en la que se celebran corridas de toros durante el verano.

TERUEL.

El año 1850 ya poseía plaza de toros, que décadas después fue restaurada y modernizada. Celebra feria en agosto.

TOLEDO.

Es una de las clásicas tanto por su historia como por su proximidad a Madrid, desde donde acuden los aficionados a las corridas que se celebran en este coso. La principal es la del Corpus; festividad que, en Toledo, constituye todo un acontecimiento religioso y social. Incómoda precisamente por la antigüedad de su construcción, la plaza de toros de Toledo se inauguró el 18 de agosto de 1866.

VALENCIA.

Es una de las ciudades más taurinas del país, que tiene dos importantes ferias, la de Fallas en marzo y la de San Jaime en julio, y durante la última década mantuvo la Feria de la Comunidad Valenciana, que se celebraba en octubre. La Feria de Julio, con el abono de Madrid, llegó a ser la más importante del concierto taurino, y en ella participaba la baraja de toreros más importante del momento. Ya en el siglo XVII se celebraban en Valencia funciones taurinas, que tenían lugar en plazas desmontables de madera, y en el XVIII, en otras de mampostería. El año 1860 se inauguró la plaza de fábrica, que es de singular belleza. A imitación del circo Flavio Marcelo, la plaza de Valencia, torerísima en su aspecto, cuenta con amplias dependencias y durante mucho tiempo sus corrales fueron los más capaces y mejor distribuidos de todos los cosos del país. Afora unos dieciseis mil espectadores y se encuentra en el corazón de la ciudad, lindante con la calle Xátiva, a pocos metros de la plaza del Ayuntamiento y aún menos de la estación del ferrocarril.

VALLADOLID.

Su primera plaza de toros se inauguró en 1834 y en 1890 fue sustituida por otra modernizada y más capaz. En la actual plaza de Valladolid se celebra, durante el mes de septiembre, una de las más importantes ferias del territorio nacional.

VIRTUDES.

Posee una de las plazas de toros más curiosas que puedan concebirse. Rectangular, tres lados están formados por graderío, el cuarto es la pared de un edificio conventual; en el que se celebran oficios religiosos y que también sirve de patio de cuadrillas. Da muy pocos festejos y son de escasa relevancia.

VITORIA.

Su feria de la Virgen de la Blanca, a principios de agosto, es una de las históricas del calendario taurino. Tenía ya plaza de toros en 1851, que fue sustituida por la que se construyó en 1880.

ZAMORA.

Su historia taurina data de 1879, año en que se inauguró su plaza de toros, con posterioridad reformada varias veces. Celebra feria.

ZARAGOZA.

Ya tenía plaza en 1764 y el actual coso de Pignatelli es uno de los más modernizados del país. Es también el primero que cuenta con cubierta, de carácter movible, que lo protege los días de lluvia y de viento, usual en octubre, mes de celebración de la feria. Durante la temporada se dan diversos festejos y llegada la Feria del Pilar, la actividad taurina en la plaza zaragozana adquiere preponderancia mundial. Intensa en el número y la calidad de sus festejos, la Feria del Pilar es una de las más importantes de la temporada taurina.

La plaza de toros ha de tener unas características determinadas. La cancha o coso donde se desarrollará la lidia ha de ser circular. No es un determinante caprichoso. Una barrera en círculo cerrando sin solución de continuidad la arena, producirá que no encuentre el toro refugios y no dará motivo para provocar sus querencias.

El ruedo, que también llamamos redondel, o círculo o diversos otros símiles según la vocación imaginativa de quien lo designe, tiene acceso directo a determinadas dependencias esenciales cuya disposición tampoco es caprichosa. Joselito el Gallo, que poseía una concepción profunda y exacta del toreo y sus circunstancias, definió la localización correcta de aquellas dependencias, que se recogieron en numerosas plazas; entre otras, la Monumental de Madrid.

La plaza Monumental madrileña, también llamada Las Ventas, es modelo de construcción escrupulosamente adaptada a las necesidades de la lidia. Hay tres portones esenciales: el de cuadrillas, el que da acceso al desolladero y el del toril. Una cuarta puerta es la principal, también llamada puerta grande o puerta de Madrid, que durante la función sólo ha de abrirse dos veces, a lo sumo: una, para la salida de los alguacilillos que harán el despeje; otra, en caso de triunfo, para que salga a hombros el torero triunfador.

De unos años a esta parte, por la puerta grande acceden al ruedo los picadores para intervenir en el primer tercio. Y es un error. Realmente es una barbaridad. Se dice que lo dispusieron los empresarios del coso creyendo que el tiempo que tardan los picadores en salir por la puerta de cuadrillas y llegarse al tercio donde efectuarán la suerte es muy largo y da pie a que los aficionados se entretengan protestando el trapío de los toros. Aparte de que la justificación sería inaceptable y resulta ridícula, quien aceptó la innovación —obviamente, los comisarios de policía que presiden los festejos— demostró que no tenía ni idea de la naturaleza de la lidia. Grave asunto es que desconozca lo fundamental de la fiesta quien tanto influye en ella.

Se dispuso en Las Ventas que la puerta de cuadrillas estaría en zona de sol, en el tendido que llaman del 4, bien lejana del burladero de capotes, que se encuentra en la confluencia de los tendidos 8 y 9, en cuyo tercio es costumbre que se plantee la suerte de varas. La razón no era estética sino estrictamente técnica: el terreno donde mejor se aprecia la bravura del toro es el más alejado del toril, a fin de que no plantee querencias.

Requiere el buen orden de la lidia que nada más saltar el toro a la arena lo tomarán de capa los toreros para fijarlo y en cuanto lo hayan hecho el presidente sacará el pañuelo con lo cual estará dando orden de sonar el clarín, que es el aviso para que los picadores salgan al ruedo.

El diestro de turno se hará presente ante el toro ya fijado y lo lanceará, normalmente a la verónica, ganando terreno hacia los medios, con lo cual se lucirá tanto como pueda o sepa, dará tiempo a que llegue el picador y, a vez, le estará dejando libre el espacio donde debe situarse. Si la tarea del matador es perfecta, cuando remate los lances —suele ser con la media verónica— dejará al toro en suerte. Se retirará entonces ligero a la izquierda del caballo, citará el picador, se arrancará el toro y tendrá lugar el primer puyazo.

Con la salida de los picadores por la puerta grande, todas estas reglas quedan desbaratadas. Pues resulta que la puerta grande se encuentra a escasos metros del lugar donde se efectúa la suerte de varas y esto provoca gran desconcierto. Capoteado el toro por el matador, han de intervenir los peones para alejarlo del lugar, al efecto de que pueda abrirse la puerta grande sin peligro de que se abalance sobre ella el toro. Saldrá el picador jinete del inmenso percherón y, mientras se coloca, los peones estarán dedicados a distraer al toro junto al burladero que se encuentra en el tendido 1. En su sitio el picador, volverán a llevarlo allá para ponerlo en suerte. En definitiva, este desorden, inducido por un empresario irresponsable y establecido por unos comisarios incompetentes, trae como consecuencia un cúmulo de capotazos, movimientos, trajines y pérdidas de tiempo, sin ninguna necesidad, carentes de mérito y contrarios a la belleza, que desvirtúan y aún llegan a arruinar la lidia.

Durante toda la historia del toreo hasta hace unas décadas, quien recibía al toro nada más saltar a la arena era un peón, que paraba su carrera con breves capotazos y lo corría a una mano. Esta suerte, que requería valor y destreza, tiene un mérito enorme, se realizaba con lucimiento y provocaba el entusiasmo del público. La lidia estaba concebida para que la emoción y el arte se produjeran en su mismo comienzo.

Los aficionados veteranos —un servidor entre ellos— recuerdan peones que parando y corriendo las reses a una mano los ponían en pie. Muchos habían de saludar luego montera en mano. En contrapartida también se producían cogidas. El Coli murió precisamente en una de esas acciones de correr los toros a una mano. Sucedió en Madrid, allá por la década de los años cincuenta. Tuvo el toro más pies que el torero destreza, la fortuna se mostró esquiva, y en su primer derrote el toro le metió al infortunado Coli todo el pitón a la altura de los riñones. Se llevaban apresuradamente las asistencias al torero herido y se les murió por el camino. Al llegar a la enfermería ya era cadáver.

De algunos peones toreando a una mano comentaban los aficionados que parecía como si dieran naturales. Por eso quienes conocieron aquella suerte, que era habitual, la echan de menos. Modernamente se hacen presentes los matadores siempre, casi sin excepción, de manera que son los primeros en recibir al toro, y si intervienen peones ninguno torea a una mano.

Otra forma de recibir a los toros es mediante temerarios alardes. Suele ser la larga afarolada, que ha dado en llamarse larga cambiada, además de rodillas, y algunos la ejecutan «a porta gayola», que es delante mismo de la puerta de chiqueros.

La técnica «a porta gayola» exige que el torero espere en el tercio, entre la primera raya de picadores y el portón de chiqueros; no más allá de la segunda —es decir, en los medios— según la moda. El chulo toriles abre el portón, sale enfurecido el toro de la oscuridad del toril, y lo primero que encuentra es un hombre arrodillado. Sería lógico que lo arrollara, pero el hombre arrodillado es un torero con arte y con lo que hay que tener; y burla la tremenda acometida flameando el capote en cuyos vuelos disuelve la fogosa embestida.

La larga cambiada puede ser de pie o de rodillas y se trata de que el torero cita al toro con el capote por un lado y le obliga a vaciar por el contrario tirando hacia allá la larga. La larga afarolada es lo mismo, sólo que en lugar de hacer el cambio vaciando por un costado, pasa previamente el capote por encima de la cabeza.

Los lances pasando el capote por encima de la cabeza se llaman farol, por razones obvias. Si la suerte se practica con la muleta se llamará afarolado.

Siempre son obvias —o tal parece— las razones de la nomenclatura taurina. La verónica recibe este nombre de la propia Verónica, la piadosa mujer que enjugó el rostro sangrante de Jesucristo en el Calvario. Cómo presentó adelante el lienzo para su humanitaria acción es lo que valió para dar nombre al lance fundamental, quizá más bello, del arte de torear.

Para la verónica, el torero se sitúa medio de frente delante del toro, adelantada la pierna más próxima al animal, y le presenta el percal tal cual hizo la santa mujer. El toro se arrancará al cite y cuando vaya a entrar en jurisdicción lo embarcará el torero con el capote adelantando al tiempo la pierna contraria que estaba retrasada, y vaciará la embestida en su salida natural.

Queda entonces el torero en posición igual a la que estaba al principio, sólo que el toro mira ahora en dirección opuesta. Es decir, que tiene el diestro adelantada la pierna más cercana al toro; y vuelve a presentar el capote y a repetir el lance con igual técnica. Toreando así, que es la forma pura del arte de torear, los lances serán ligados, el torero ganará terreno cada vez que cargue la suerte y el toro se sentirá dominado.

El remate más adecuado a este tipo de lances es la media verónica, que se ejecuta como la verónica propiamente dicha con la diferencia de que al vaciar la embestida el torero recoge el capote dando un airoso vuelo y reúne cerca de la cadera las dos manos con que lo sujeta, mientras obliga al toro a dar un medio círculo cerradísimo que lo castiga seriamente.

Se destaca a Gitanillo de Triana, llamado Curro Puya —murió en los años cuarenta víctima de una cornada— como el torero que mejor ha interpretado los lances a la verónica. Podría ser, aunque otros aficionados —un servidor entre ellos— podrían citar diestros contemporáneos que han toreado a la verónica con arte sublime. Las referencias a Chicuelo, a Cagancho, a Pepe Luis Vázquez, a Antonio Bienvenida, a Antonio Ordóñez, a Rafael Ortega, a Curro Romero, a Rafael de Paula, no agotan la antología de consumados capoteadores en la modalidad de la verónica, si bien todos ellos traen la evocación de momentos sublimes en el arte de torear.

Nada hay reglamentado acerca de que los toreros hayan de lancear a la verónica o de cualquier otra forma a la salida del toro, aunque entre las suertes concebidas a lo largo de toda la historia del toreo es la más adecuada. Lo mismo podría decirse del repertorio de quites, pero estos vendrán después.

Corresponde ahora picar al toro. La suerte de picar, que es fundamental en la lidia, tuvo una consideración preponderante durante larguísimos períodos de la historia del toreo, hasta el extremo de que en los carteles anunciadores de las corridas los nombres de los picadores figuraban con caracteres más destacados que los correspondientes a los toreros a pie. Con la natural evolución de la fiesta, los matadores tomaron todo el protagonismo en tanto la nombradía de los picadores pasaba a segundo término, pero la suerte de varas siguió siendo fundamental.

Un buen lidiador colocará en suerte al toro, mejor si lo hace simultáneamente con la media verónica, según antes quedó dicho.

Antiguamente no había raya alguna en el ruedo que delimitara el terreno del picador y el del toro. Y fue el abuso de los picadores lo que obligó a trazarlo, pues tomaron la costumbre de pegarse a la barrera para ejecutar la suerte, con el propósito de que el toro no los derribara en su acometida. El público y los propios lidiadores les exigían que salieran al tercio, muchas veces sin resultado. Y se impuso obligarlos a hacerlo so pena de multa. Hubo entre las partes una negociación y quedó resuelto que los picadores saldrían al tercio a picar al toro, pero únicamente hasta determinada distancia de la barrera, que se fijaría trazando un círculo. Llama la atención que el público actual increpe a los picadores cada vez que rebasan ese círculo pues lo toma a ventaja dolosa, cuando fueron ellos quienes exigieron no tener que pasar de allí para garantía de su integridad física.

Quedaba pendiente otro problema: donde debían colocarse los toros para la suerte de varas. Muchos toreros los metían prácticamente debajo del caballo —solían hacerlo al relance—, con lo cual no concedían ninguna ventaja al toro ni daban oportunidad de que manifestara el grado de su bravura. Fue Domingo Ortega —el maestro de Borox— quien propuso trazar otro círculo, paralelo e interior al ya existente, de manera que el espacio entre ambos sería terreno de nadie; el más próximo a las tablas, el del picador, y el opuesto, el del toro.

El tiempo que tarde el toro en arrancarse al caballo, su velocidad y su fijeza, constituyen por sí solos gran espectáculo y son indicios de la medida de su bravura. Hay toros que tardean, hay toros que se arrancan sin aparente codicia, hay toros que acuden inciertos y estos comportamientos —entre otros— empiezan a ser indicativos de mansedumbre. Hay toros que hacen junto cuanto queda dicho y entonces ya apuntan una mansedumbre clara, que será evidente si al recibir el puyazo echan la cara arriba, derrotan, se repuchan, reculan. Y acabará proclamándose clamorosa si vuelven grupas y salen de estampía hacia otro lugar del redondel, que puede ser la querencia del toril.

El toro de poder y bravura ofrece un espectáculo impresionante que pone a los públicos en pie. El toro de poder y bravura se arranca presto, humilla en el encuentro de tal modo que mete la cabezada debajo del caballo, y al efectuar el derrote lo levanta sobre las astas. No cabecea al sentir el hierro, que un buen picador le habrá hundido en el morrillo, sino que apalancará la que considera su presa metiendo los riñones; bajará las ancas, engallará el cuello poderoso, y no dejará de embestir, potente, codicioso y fijo. Hasta que el picador tercie el caballo hacia la derecha y por el hueco que empieza a entreverse a la izquierda presente el torero el capote, reclame la atención del toro y haga el quite embarcando en sus vuelos la embestida.

La suerte ha de repetirse. La lidia está sobradamente experimentada y se sabe que muchos toros exhiben una bravura total en el primer puyazo pero puede que en los siguientes ya no desarrollen tanto o acaben revelando su mansedumbre. Es lo que en términos coloquiales llaman «cantar la gallina». Para calibrar la verdadera

bravura de los toros dicta la experiencia que ha de comprobarse en tres puyazos como mínimo, y éste es el motivo de que anteriores reglamentos exigieran un mínimo de tres puyazos. El actual —una desdicha— los limita a dos.

Toro que toma con bravura sostenida ese mínimo de tres puyazos ya empieza a merecer la vuelta al ruedo.

Claro que los tres puyazos han de ser medidos. Los puyazos no pueden cobrarse indefinidamente. Y la suma de los tres —como mínimo— estará condicionada a la fuerza física que desarrolle el toro.

El tercio de varas no fue concebido para quebrantar a los animales sino para sangrarlos y de esta manera ahormar su fiereza. Indicaba la regla que el puyazo se practicara en el morrillo, una zona llamativamente abultada del toro que no aloja partes vitales de su anatomía y donde, en cambio, cualquier punción produce pronta hemorragia.

Todo estaba muy estudiado y muy medido en la suerte de varas y la autoridad competente —que presidía las corridas— permanecía alerta para que no se produjera ningún exceso. Pero eso era antes. La suerte de varas ha degenerado hasta la barbarie. Ahora casi nadie pica por derecho, ni tira la puya al morrillo, ni tercia el caballo para terminar la suerte; sino que, al dar la embestida el toro, el picador le mete la vara en el puro espinazo, hace girar al caballo para que rodee al animal, lo acorrala contra las tablas, y de este modo el puyazo se convierte en una carnicería. Con semejante forma de picar no se ahorma al toro sino que se le destruyen partes vitales de su organismo; con semejante forma de picar no se concede ventaja alguna al toro (todas se las reserva el picador), ni hay posibilidad de que manifieste su bravura. Con semejante forma de picar, un solo puyazo deja a los toros vistos para sentencia.

Esa forma de picar impide la cabal realización de los quites. Era norma que en cada uno de los tres puyazos mínimos acudieran al quite cada uno de los diestros del cartel y lo sustanciara con arte, entrando así en competencia. Tres puyazos en regla, tres quites inspirados; y al concluir el tercio ya se había producido el gran espectáculo.

Los toreros cuentan con un amplísimo repertorio de lances, que pueden elegir según sus capacidades y según las condiciones de la res. Desde sus orígenes, el desarrollo de la tauromaquia no ha parado de engendrar suertes nuevas, que podían ser variaciones imaginativas de las ya conocidas o afortunadas creaciones. El toreo a la verónica es muy adecuado para los quites pero también las largas en sus distintas versiones —la cambiada, la afarolada, la cordobesa—, o la tijerilla que los antiguos llamaban «a lo chatre», la tapatía, la talaverana, la rogerina, la fregolina, la saltillera, la gaonera, la vitolina, el farol, la chicuelina y muchas marcas más —bautizadas con el nombre de sus creadores o de la población donde nacieron—, más los remates de estas suertes, asimismo surtidos, entre los que destacan la enjundiosa media verónica, la superficial revolera o la barroca serpentina.

Picado el toro —que es cuando recibió el castigo ajustado a su poder y su bravura— suena el clarín y comienza el tercio de banderillas.

Tiene un servidor la convicción de que la suerte de banderillas es una de las más geniales invenciones de los padres de la tauromaquia. Un servidor oyó decir a más de un torero moderno que las banderillas «no sirven para nada»; y se le abrían las carnes.

Quienes introdujeron en la lidia la suerte de banderillas lo hicieron con sabia intención. El toro es lógico que pierda acometida tras la pelea en varas. No tanto por agotamiento físico como por tendencia a embestir en distancias relativamente cortas. Animal intuitivo al fin, se ha acostumbrado a la pelea en un radio de acción de pocos metros en el que no necesitaba ni siquiera desplazarse sino empujar y empujar a quien le propinaba el castigo.

Sabido es que el toro sólo reacciona al castigo y esta regla, que rige en las tientas, continúa vigente en la plaza. Se trataría, pues, de infligirle un castigo leve que le indujera a recuperar las embestidas largas. Se haría mediante un arpón. Un hombre lo citaría a la distancia y cuando el toro se arrancara, le clavaría el arpón en el morrillo. La intuición le indicaría al toro que el hombre que le llama a distancia es el causante del dolor y cada vez que lo viera se arrancaría recrecido. Tres acciones de este tipo bastarían para reavivar al toro.

La suerte de banderillas entró, por tanto, en la lidia y demostró su eficacia, en tanto daba lugar a lances emocionantes y bellos. Los banderilleros pioneros prendían un solo arpón. Primero utilizando formas rudimentarias pues se trataba de clavar y librar la cogida según Dios les diera a entender. Luego empleando una técnica específica que aunaba el riesgo, la emoción y la estética.

El oficio de banderillero constituye una profesión pero hay matadores que banderillean también, con gran lucimiento. Algunos alcanzaron la cumbre en este arte. Entre los matadores de la posguerra que han venido ejecutando con brillantez la suerte, uno destacaría a Pepe Bienvenida y Pepe Dominguín. Igual que en el toreo de capa y de muleta, hay un estimable repertorio en el arte de banderillear, que se utiliza según las condiciones del toro y según las facultades de los banderilleros. Se banderillea al cuarteo —es la suerte más elemental y sencilla—, de poder a poder, al quiebro, de dentro a fuera, de fuera adentro, por dentro, por dentro reuniendo en tablas, al sesgo, a topa carnero, a la media vuelta y de muchas más formas. Y hay matadores que aún se adornan citando de rodillas, o sentados en el estribo, o quebrando sentados en una silla.

Cuentan los historiadores que aquel torero romántico llamado El Gordito, inventor del quiebro, adornaba las suertes de banderillas con unos alardes increíbles. Por ejemplo, llamaba al toro, lo incitaba a perseguirle, corrían, de súbito extendía la mano haciendo la señal de parar y, efectivamente, el toro se paraba. O el toro estaba parado, lo merodeaba sin que le embistiera por muchas vueltas que diese, hasta que en un momento dado le hacía un ademán queriendo decir «sígueme» y, cual si estuviera domado, el toro le seguía. Algún maestro banderillero repitió después estas hazañas. Uno se las ha visto buen número de veces a Luis Francisco Esplá, con el natural asombro, aunque no está muy seguro de que los historiadores del futuro vayan a dar cuenta de ello.

Los mejores banderilleros conocen a la perfección las condiciones de los toros. Un torero que no sepa cómo es un toro nunca será buen banderillero. Hay en la actualidad banderilleros que se limitan a banderillear al cuarteo reuniendo a cabeza pasada, y los aclaman cual si acabaran de inventar la suerte. No la han inventado, evidentemente, ni la conocen de verdad, o no se atreven a practicarla según los cánones, pero tienen la habilidad de suplir sus carencias con vueltas y contoneos, carreras desenfrenadas y ceremoniosos saludos a la afición.

El buen banderillero sabe dónde aprieta y dónde se escupe el toro, en qué momento y de qué manera pegará la cabezada; sabe si se arrancará pronto o tardo, si lo hará veloz o templado. Y si emplea la suerte adecuada según la condición del animal y además clava en lo alto asomándose al balcón, habrá convertido el arte de banderillear en gloria bendita.

Suena el clarín y empieza el último tercio.

El matador brinda el toro y se dispone a empezar la faena de muleta.

Es el momento cumbre, ahora es cuando toro y torero se enfrentan en la soledad del redondel.

El toro, aún avivado en banderillas, entra en un nuevo estado. Ahormado en la suerte de varas, sus embestidas ya no tienen la fogosidad de cuando saltó a la arena sino que son más lentas y posiblemente más suaves también. El diestro tendrá oportunidad de ejecutar las suertes con cadenciosa prestancia. Aunque no todo es tan sencillo. Pues, en contrapartida, el toro puede haber desarrollado sentido como consecuencia de los avatares de la lidia, acaso devenga reservón y saque el peligro inherente a las embestidas inciertas.

El toro puede pararse en mitad de la suerte, puede derrotar en el momento menos pensado, puede embestir con la cara alta, puede que humille y sin embargo se revuelva traicionero en plena ejecución de un pase cualquiera.

El toro conlleva riesgo siempre. Hasta los más nobles provocan la desgracia si el torero se equivoca. A veces la equivocación proviene de una duda, de un error en la elección de terrenos, de un milímetro de destemplanza al embarcar la embestida.

La desgracia —la cogida, la voltereta, la cornada— se produce en un instante. Visto y no visto.

Las reglas del arte no persiguen únicamente la belleza de las suertes sino que están concebidas para dar solución a cuantos problemas pueda plantear el toro. El toreo esencial, la máxima expresión del arte de torear, es la suerte al natural. Mas hay otras muy enjundiosas, incluidas las que sirven de recurso.

Un torero castigando por bajo a un toro bronco pone a la plaza en pie. Un torero entusiasma si ahorma la cabeza derrotona del toro con maestros muletazos de pitón a pitón. Se han visto faenas clamorosas a toros dificultosos, hechas a base de un toreo exclusivamente lidiador.

El matador brinda el toro...

Y si es pastueño, a lo mejor hace el alarde de prologar la faena con la instrumentación del pase cambiado, uno de los que llevan implícito mayor riesgo: cita al toro con la muleta plegada en la mano izquierda, se arranca el toro y al llegar a jurisdicción, le cambia el viaje pasando la franela al lado contrario y vaciando la embestida por alto.

Hay otras modalidades de cambio, que se hacen por la espalda, también citando con la mano derecha.

Los estaturarios o los ayudados por alto cargando la suerte son asimismo formas elegantes de empezar una buena faena de muleta. Y si en esos pases el toro demuestra su cabal boyantía, el torero se echará enseguida la muleta a la mano izquierda. No hay por qué perder tiempo, ni templar gaitas: el toreo esencial, cuanto antes.

Los naturales son la cumbre del arte de torear. Se dan con la izquierda y tiene tanta importancia torear con ella que los viejos aficionados la llamaban «la mano de los billetes».

Se ha dicho muchas veces: una gran faena vale un cortijo. Y es verdad. Toreros aún sin nombre, toreros acabados, toreros sin cartel, después de una gran faena les llovían los contratos.

Madrid suele ser la plaza que, en este terreno, da más fortuna. Una salida a hombros por la puerta grande, llamada la puerta de Madrid, equivale a un pasaporte para la gloria.

La muleta en la izquierda, el torero colocado de forma que dé el «medio pecho» al toro; la pierna más cercana al animal, adelantada. Presentará la muleta provocando el cite, se arrancará el toro y cuando ya esté a punto de humillar para tomarla, el torero lo embarcará en la pañosa adelantando la pierna contraria en la acción que se denomina «cargar la suerte». Tal cual se predicaba de la verónica. Igual, sólo que ahora es una tela prendida del estoquillador lo que se utiliza de engaño.

No basta ese natural sino que es preciso ligarlo con el siguiente y éste con otro más y procede ahora cambiar el viaje del toro y embarcarlo en el pase de pecho, echándoselo por delante. Tres naturales y el de pecho. Y vuelta a empezar. Pocas tandas bastan. Tres tandas de naturales interpretados con la hondura y la ligazón que aquí se indican, y la faena estará prácticamente hecha.

Una gran faena está construida de muy contados pases si se ejecutan con pureza. Dos docenas de ellos bastan. Ni el toro —obligado, sometido, al cabo exhausto— admite más, ni el público necesita de nuevas manifestaciones artísticas, pues ya está entregado y enardecido.

Las grandes faenas que uno recuerda nunca tenían más allá de cuatro minutos de duración. Los toreros modernos han puesto de moda las faenas interminables. Faenas en las que les han de enviar un aviso y aún siguen pegando pases. Triunfan con ellas, es cierto, pero no tanto por la calidad como por la cantidad. Un toro no soporta diez minutos embistiendo a unas suertes interpretadas con hondura y ligazón. Y si soporta esos diez minutos embistiendo es porque los pases eran superficiales, desligados, febles; de poca monta.

No se agota el toreo con la suerte al natural, ni mucho menos. El repertorio del toreo de muleta es amplísimo. Se lleva el derechazo —que, siendo suerte menor, es la que prodigan los toreros modernos—, y no tanto el rico surtido de pases concebido por numerosos maestros en el largo devenir de la tauromaquia.

Los ayudados pueden ser por alto o por bajo. Se llaman ayudados pues el torero se ayuda con el estoque. Los ayudados por bajo son de una especial reciedumbre, muy toreros siempre, y la afición los denomina dobladas o doblones —enfatizando el valor de la suerte— pues, efectivamente, con su ejecución, el torero hace humillar y doblar al toro. Muy eficaz en el toreo de dominio es una modalidad bellísima que se conoce por trinchera, trincherilla o trincherazo.

A una o a dos manos se torea con arte. A una mano, para el natural —muleta en la izquierda, el estoque sujetado con la derecha—, o para el derechazo, con la muleta armada de estoque y sostenida con esa mano. Y no sólo para el derechazo. Con la derecha vienen las trincherillas dichas, los pases de pecho, los molinetes, los afarolados y toda la gama de alardes y de suertes de adorno, que incluyen manoletinas, arrucinas y de ahí hasta el infinito.

Los cambios de mano revalorizan los intersticios de las faenas y se realizan por delante o por la espalda, a gusto del consumidor.

Pases de tirón sirven para mudar de terrenos al toro y, para aliviarlo —si va con las fuerzas justas—, cuentan los pases que se ejecutan por alto, de frente, de espaldas o de costadillo, que tienen su nombre pues alguien los inventó.

En cuanto a nombres se pueden producir equívocos. Por ejemplo, la manoletina no la inventó Manolete. El pase de las flores, que inventó Victoriano de la Serna —un torero de los años treinta, de enorme personalidad— se llamó originariamente el pase fallero porque se le ocurrió darlo en una corrida de las Fallas de Valencia. Es en realidad una versión del molinete y Ruano Llopis lo tomó para un cartel, adornándolo con una guirnalda de flores. El cartel impresionó tanto a la afición que las flores dieron nombre a la suerte.

Las faenas con repertorio son una verdadera preciosidad. Las faenas en las que el torero, construido el toreo esencial, va intercalando suertes diversas aplicadas a los cambiantes estados del toro y a golpe de inspiración, constituyen el paradigma del arte de torear.

Pero la faena no es completa si no se corona con una gran estocada. Originariamente los toros se mataban siempre en la suerte de recibir. Cuando se inventó al volapié, esta modalidad de estoquear los toros fue imponiéndose hasta convertirse, prácticamente, en exclusiva.

Rafael Ortega es el diestro que un servidor ha visto ejecutar con mayor pureza la suerte de recibir. También el volapié. Rafael Ortega ha sido el mejor estoqueador que haya habido desde la posguerra hasta el tiempo presente. Era tan buen estoqueador que desmerecía su toreo aunque éste lo interpretaba, asimismo, con una hondura y una templanza irreprochables. Una de las más grandes faenas que este cronista haya visto jamás la hizo Rafael Ortega allá por la década de los años sesenta en la Feria de San Isidro. Paradójicamente aquella vez no mató con la limpieza acostumbrada, aunque el toro dobló del espadazo y le dieron las dos orejas. Causó una gran conmoción en el público aquella emotiva faena, auténticamente histórica, y algún aficionado hubo de disimular que se le saltaban las lágrimas. El toreo tiene esta grandeza.

Pero el toreo también tiene sus contradicciones y sus miserias. Unos minutos después del faenón, cuando aún no se habían apagado los clamores del triunfo, a Curro Romero —que alternaba con el maestro de San Fernando— le dio por dejar que su toro se lo devolvieran vivo al corral. Y el desplante se convirtió en acontecimiento. Al día siguiente todos los periódicos daban la noticia de Curro en primera página; a los críticos se les restringió el espacio de la crónica de la corrida para hacer gran despliegue con el reportaje de Curro, su peripecia en la comisaría de Policía, el tiempo que permaneció detenido, lo que dijo y lo que comentaron los agentes de la autoridad. Y la gloria de Rafael Ortega quedó eclipsada.

El toreo, concebido para dominar aquel *Bos taurus primigenium* que enseñoreaba las frondas de la antigua Iberia, ha pasado a ser una ciencia llamada Tauromaquia, tiene una procelosa historia hecha de generosidad y de injusticias, de valor y de renuncias, de arte y de vulgaridad, de tragedia y de gloria. Los toreros muertos en las astas de los toros más los apartados de su oficio a consecuencia de las cornadas, se cuentan por miles. Los que abrazaron la profesión torera y hubieron de abandonarla sin conocer el éxito, por decenas de miles. Los que alcanzaron la categoría de figuras, por cientos. Los que hicieron época, apenas rebasan la docena. Y han transcurrido más de tres siglos.

Arte y valor, sangre y arena. Así es el mayor espectáculo del mundo.

Nuestro agradecimiento a las plazas de toros de

Albacete, Alicante, Aranjuez, Arganda del Rey, Benidorm, Bilbao,
Boadilla del Monte, Buitrago de Lozoya, Cáceres, Cercedilla, Chinchón,
Ciempozuelos, Colmenar de Oreja, Cuéllar, El Castañar de Béjar,
El Puerto de Santa María, Granada, Jerez de la Frontera,
La Glorieta de Salamanca, La Malagueta de Málaga,
Las Virtudes de Santa Cruz de Mudela, Murcia, Pamplona,
Plaza Monumental de Barcelona, Real Maestranza de Ronda,
Real Maestranza de Sevilla, Segovia, Sotillo de la Adrada,
Talavera de la Reina, Toledo, Valencia, Valladolid,
Vejer de la Frontera y Zaragoza.

A los ganaderos:

Dolores Aguirre Ibarra, Ganadería de Concha y Sierra,
Ganadería de El Jaral de la Mira, Ganadería de La Laguna,
Ganadería de Torrestrella, Herederos de Gabriel Hernández Plá,
Herederos de Baltasar Ibán Valdés, Hijos de Celestino Cuadri,
Hijos de Eduardo Miura, Marqués de Albaserrada,
Victorino Martín Andrés y Apolinar Soriano.

A la Escuela Taurina de Madrid.

A Porfirio Enríquez, José Luis García-Palacios Álvarez,
José Carlos Valenciano y señora, Víctor Puerto, Manuel Reyes,
a los matadores de toros, toreros, mozos de estoques, apoderados,
mayorales... y a todas las personas que con su colaboración
han posibilitado la realización de este libro.

LUNWERG EDITORES

Director general
JUAN CARLOS LUNA

Director de arte
ANDRÉS GAMBOA

Directora técnica
MERCEDES CARREGAL

Maquetación
BETTINA BENET

Coordinación editorial
MARÍA JOSÉ MOYANO

Coordinadora de producción
ANA MARÍA CHAGRA

Fotografías de OSCAR MASATS
15, 28, 39, 127 y 186